TRANZLATY

A linguagem é para todos

Language is for everyone

O Chamado da Floresta

The Call of the Wild

Jack London

Português do Brasil / English

No Primitivo
Into the Primitive

Buck não leu os jornais.
Buck did not read the newspapers.
Se ele tivesse lido os jornais, saberia que problemas estavam surgindo.
Had he read the newspapers he would have known trouble was brewing.
Não houve problemas apenas para ele, mas para todos os cães da maré.
There was trouble not alone for himself, but for every tidewater dog.
Qualquer cão forte, musculoso e com pelo longo e quente estaria em apuros.
Every dog strong of muscle and with warm, long hair was going to be in trouble.
De Puget Bay a San Diego, nenhum cachorro conseguiu escapar do que estava por vir.
From Puget Bay to San Diego no dog could escape what was coming.
Homens, tateando na escuridão do Ártico, encontraram um metal amarelo.
Men, groping in the Arctic darkness, had found a yellow metal.
Empresas de navegação a vapor e de transporte estavam em busca da descoberta.
Steamship and transportation companies were chasing the discovery.
Milhares de homens estavam correndo para Northland.
Thousands of men were rushing into the Northland.
Esses homens queriam cães, e os cães que eles queriam eram cães pesados.
These men wanted dogs, and the dogs they wanted were heavy dogs.
Cães com músculos fortes para trabalhar.
Dogs with strong muscles by which to toil.

Cães com pelagem peluda para protegê-los do frio.
Dogs with furry coats to protect them from the frost.

Buck morava em uma casa grande no ensolarado Vale de
Santa Clara.
Buck lived at a big house in the sun-kissed Santa Clara Valley.
O lugar do Juiz Miller era chamado de sua casa.
Judge Miller's place, his house was called.
Sua casa ficava afastada da estrada, meio escondida entre as
árvores.
His house stood back from the road, half hidden among the
trees.
Era possível avistar a ampla varanda que circundava a casa.
One could get glimpses of the wide veranda running around
the house.
O acesso à casa era feito por calçadas de cascalho.
The house was approached by graveled driveways.
Os caminhos serpenteavam por gramados amplos.
The paths wound about through wide-spreading lawns.
Acima, havia galhos entrelaçados de altos choupos.
Overhead were the interlacing boughs of tall poplars.
Na parte de trás da casa as coisas eram ainda mais espaçosas.
At the rear of the house things were on even more spacious.
Havia grandes estábulos, onde uma dúzia de cavalariços
conversavam
There were great stables, where a dozen grooms were chatting
Havia fileiras de casas de empregados cobertas de videiras
There were rows of vine-clad servants' cottages
E havia uma infinidade e uma série ordenada de latrinas
And there was an endless and orderly array of outhouses
Grandes parreirais, pastos verdes, pomares e plantações de
frutas vermelhas.
Long grape arbors, green pastures, orchards, and berry
patches.
Depois havia a estação de bombeamento do poço artesiano.
Then there was the pumping plant for the artesian well.
E lá estava o grande tanque de cimento cheio de água.

And there was the big cement tank filled with water.

Aqui os meninos do Juiz Miller deram seu mergulho matinal.

Here Judge Miller's boys took their morning plunge.

E eles também se refrescaram lá na tarde quente.

And they cooled down there in the hot afternoon too.

E sobre esse grande domínio, Buck era quem governava tudo.

And over this great domain, Buck was the one who ruled all of it.

Buck nasceu nesta terra e viveu aqui todos os seus quatro anos.

Buck was born on this land and lived here all his four years.

De fato, havia outros cães, mas eles não importavam de verdade.

There were indeed other dogs, but they did not truly matter.

Outros cães eram esperados em um lugar tão vasto quanto este.

Other dogs were expected in a place as vast as this one.

Esses cães iam e vinham, ou viviam dentro dos canis movimentados.

These dogs came and went, or lived inside the busy kennels.

Alguns cães viviam escondidos na casa, como Toots e Ysabel.

Some dogs lived hidden in the house, like Toots and Ysabel did.

Toots era um pug japonês, Ysabel uma cadela mexicana sem pelos.

Toots was a Japanese pug, Ysabel a Mexican hairless dog.

Essas criaturas estranhas raramente saíam de casa.

These strange creatures rarely stepped outside the house.

Eles não tocaram o chão, nem cheiraram o ar livre lá fora.

They did not touch the ground, nor sniff the open air outside.

Havia também os fox terriers, pelo menos vinte.

There were also the fox terriers, at least twenty in number.

Esses terriers latiam ferozmente para Toots e Ysabel dentro de casa.

These terriers barked fiercely at Toots and Ysabel indoors.
Toots e Ysabel ficaram atrás das janelas, a salvo de perigos.
Toots and Ysabel stayed behind windows, safe from harm.
Eles eram vigiados por empregadas domésticas com vassouras e esfregões.
They were guarded by housemaids with brooms and mops.
Mas Buck não era um cão de estimação, nem de canil.
But Buck was no house-dog, and he was no kennel-dog either.
Toda a propriedade pertencia a Buck como seu reino de direito.
The entire property belonged to Buck as his rightful realm.
Buck nadava no tanque ou ia caçar com os filhos do juiz.
Buck swam in the tank or went hunting with the Judge's sons.
Ele caminhava com Mollie e Alice de madrugada ou de madrugada.
He walked with Mollie and Alice in the early or late hours.
Nas noites frias, ele se deitava diante da lareira da biblioteca com o Juiz.
On cold nights he lay before the library fire with the Judge.
Buck deu carona aos netos do Juiz em seu dorso forte.
Buck gave rides to the Judge's grandsons on his strong back.
Ele rolava na grama com os meninos, protegendo-os de perto.
He rolled in the grass with the boys, guarding them closely.
Eles se aventuraram até a fonte e até passaram pelos campos de frutas vermelhas.
They ventured to the fountain and even past the berry fields.
Entre os fox terriers, Buck sempre andava com orgulho real.
Among the fox terriers, Buck walked with royal pride always.
Ele ignorou Toots e Ysabel, tratando-os como se fossem ar.
He ignored Toots and Ysabel, treating them like they were air.
Buck governava todas as criaturas vivas nas terras do Juiz Miller.
Buck ruled over all living creatures on Judge Miller's land.
Ele governou sobre animais, insetos, pássaros e até humanos.
He ruled over animals, insects, birds, and even humans.

O pai de Buck, Elmo, era um enorme e leal São Bernardo.
Buck's father Elmo had been a huge and loyal St. Bernard.
Elmo nunca saiu do lado do Juiz e o serviu fielmente.
Elmo never left the Judge's side, and served him faithfully.
Buck parecia pronto para seguir o nobre exemplo de seu pai.
Buck seemed ready to follow his father's noble example.
Buck não era tão grande, pesando 64 quilos.
Buck was not quite as large, weighing one hundred and forty pounds.
Sua mãe, Shep, foi uma excelente cadela pastora escocesa.
His mother, Shep, had been a fine Scotch shepherd dog.
Mas mesmo com aquele peso, Buck caminhava com presença majestosa.
But even at that weight, Buck walked with regal presence.
Isso veio da boa comida e do respeito que ele sempre recebeu.
This came from good food and the respect he always received.
Durante quatro anos, Buck viveu como um nobre mimado.
For four years, Buck had lived like a spoiled nobleman.
Ele tinha orgulho de si mesmo e era até um pouco egoísta.
He was proud of himself, and even slightly egotistical.
Esse tipo de orgulho era comum entre os senhores de terras remotas.
That kind of pride was common in remote country lords.
Mas Buck se salvou de se tornar um cão doméstico mimado.
But Buck saved himself from becoming pampered house-dog.
Ele permaneceu magro e forte durante a caça e os exercícios.
He stayed lean and strong through hunting and exercise.
Ele amava profundamente a água, como as pessoas que se banham em lagos frios.
He loved water deeply, like people who bathe in cold lakes.
Esse amor pela água manteve Buck forte e muito saudável.
This love for water kept Buck strong, and very healthy.
Esse era o cachorro que Buck se tornou no outono de 1897.
This was the dog Buck had become in the fall of 1897.
Quando o ataque do Klondike levou os homens para o Norte congelado.

When the Klondike strike pulled men to the frozen North.

Pessoas correram de todas as partes do mundo para a terra fria.

People rushed from all over the world into the cold land.

Buck, no entanto, não lia jornais nem entendia notícias.

Buck, however, did not read the papers, nor understand news.

Ele não sabia que Manuel era uma má companhia.

He did not know Manuel was a bad man to be around.

Manuel, que ajudava no jardim, tinha um problema profundo.

Manuel, who helped in the garden, had a deep problem.

Manuel era viciado em jogos de azar na loteria chinesa.

Manuel was addicted to gambling in the Chinese lottery.

Ele também acreditava fortemente em um sistema fixo para vencer.

He also believed strongly in a fixed system for winning.

Essa crença tornou seu fracasso certo e inevitável.

That belief made his failure certain and unavoidable.

Jogar num sistema exige dinheiro, coisa que faltava a Manuel.

Playing a system demands money, which Manuel lacked.

Seu salário mal dava para sustentar sua esposa e seus muitos filhos.

His pay barely supported his wife and many children.

Na noite em que Manuel traiu Buck, as coisas estavam normais.

On the night Manuel betrayed Buck, things were normal.

O juiz estava em uma reunião da Associação de Produtores de Uvas Passas.

The Judge was at a Raisin Growers' Association meeting.

Os filhos do juiz estavam ocupados formando um clube esportivo naquela época.

The Judge's sons were busy forming an athletic club then.

Ninguém viu Manuel e Buck saindo pelo pomar.

No one saw Manuel and Buck leaving through the orchard.

Buck pensou que essa caminhada era apenas um simples passeio noturno.

Buck thought this walk was just a simple nighttime stroll.

Eles encontraram apenas um homem na estação da bandeira, em College Park.

They met only one man at the flag station, in College Park.

Aquele homem falou com Manuel e eles trocaram dinheiro.

That man spoke to Manuel, and they exchanged money.

"Embrulhe as mercadorias antes de entregá-las", ele sugeriu.

"Wrap up the goods before you deliver them," he suggested.

A voz do homem era áspera e impaciente enquanto ele falava.

The man's voice was rough and impatient as he spoke.

Manuel amarrou cuidadosamente uma corda grossa em volta do pescoço de Buck.

Manuel carefully tied a thick rope around Buck's neck.

"Torça a corda e você vai sufocá-lo bastante"

"Twist the rope, and you'll choke him plenty"

O estranho deu um grunhido, mostrando que entendia bem.

The stranger gave a grunt, showing he understood well.

Buck aceitou a corda com calma e dignidade naquele dia.

Buck accepted the rope with calm and quiet dignity that day.

Era um ato incomum, mas Buck confiava nos homens que conhecia.

It was an unusual act, but Buck trusted the men he knew.

Ele acreditava que a sabedoria deles ia muito além do seu próprio pensamento.

He believed their wisdom went far beyond his own thinking.

Mas então a corda foi entregue nas mãos do estranho.

But then the rope was handed to the hands of the stranger.

Buck deu um rosnado baixo que o alertava com uma ameaça silenciosa.

Buck gave a low growl that warned with quiet menace.

Ele era orgulhoso e autoritário, e queria mostrar seu descontentamento.

He was proud and commanding, and meant to show his displeasure.

Buck acreditava que seu aviso seria entendido como uma ordem.

Buck believed his warning would be understood as an order.

Para sua surpresa, a corda apertou rapidamente em volta de seu pescoço grosso.

To his shock, the rope tightened fast around his thick neck.

Seu ar foi cortado e ele começou a lutar com uma fúria repentina.

His air was cut off and he began to fight in a sudden rage.

Ele saltou sobre o homem, que rapidamente encontrou Buck no ar.

He sprang at the man, who quickly met Buck in mid-air.

O homem agarrou a garganta de Buck e habilmente o girou no ar.

The man grabbed Buck's throat and skillfully twisted him in the air.

Buck foi jogado com força no chão, caindo de costas.

Buck was thrown down hard, landing flat on his back.

A corda agora o sufocava cruelmente enquanto ele chutava descontroladamente.

The rope now choked him cruelly while he kicked wildly.

Sua língua caiu, seu peito arfou, mas não conseguiu respirar.

His tongue fell out, his chest heaved, but gained no breath.

Ele nunca havia sido tratado com tanta violência em sua vida.

He had never been treated with such violence in his life.

Ele também nunca havia sentido uma fúria tão profunda antes.

He had also never been filled with such deep fury before.

Mas o poder de Buck desapareceu, e seus olhos ficaram vidrados.

But Buck's power faded, and his eyes turned glassy.

Ele desmaiou no momento em que um trem parou ali perto.

He passed out just as a train was flagged down nearby.

Então os dois homens o jogaram rapidamente no vagão de bagagem.

Then the two men tossed him into the baggage car quickly.

A próxima coisa que Buck sentiu foi dor na língua inchada.

The next thing Buck felt was pain in his swollen tongue.

Ele se movia em uma carroça balançando, apenas vagamente consciente.

He was moving in a shaking cart, only dimly conscious.

O grito agudo de um apito de trem indicou a Buck sua localização.

The sharp scream of a train whistle told Buck his location.

Ele costumava cavalgar com o Juiz e conhecia a sensação.

He had often ridden with the Judge and knew the feeling.

Foi a experiência única de viajar novamente em um vagão de bagagem.

It was the unique jolt of traveling in a baggage car again.

Buck abriu os olhos e seu olhar queimava de raiva.

Buck opened his eyes, and his gaze burned with rage.

Essa foi a ira de um rei orgulhoso que foi tirado do seu trono.

This was the anger of a proud king taken from his throne.

Um homem tentou agarrá-lo, mas Buck atacou primeiro.

A man reached to grab him, but Buck struck first instead.

Ele cravou os dentes na mão do homem e segurou firme.

He sank his teeth into the man's hand and held tightly.

Ele não a soltou até desmaiar pela segunda vez.

He did not let go until he blacked out a second time.

"É, tem ataques", murmurou o homem para o carregador de bagagem.

"Yep, has fits," the man muttered to the baggageman.

O carregador de bagagem ouviu a luta e se aproximou.

The baggageman had heard the struggle and come near.

"Vou levá-lo para 'Frisco para o chefe", explicou o homem.

"I'm taking him to 'Frisco for the boss," the man explained.

"Há um ótimo médico de cães lá que diz que pode curá-los."

"There's a fine dog-doctor there who says he can cure them."

Mais tarde naquela noite, o homem deu seu próprio relato completo.

Later that night the man gave his own full account.

Ele falou de um galpão atrás de um salão nas docas.

He spoke from a shed behind a saloon on the docks.

"Tudo o que me deram foram cinquenta dólares", ele reclamou com o homem do bar.

"All I was given was fifty dollars," he complained to the saloon man.

"Eu não faria isso de novo, nem por mil em dinheiro."

"I wouldn't do it again, not even for a thousand in cold cash."

Sua mão direita estava firmemente enrolada em um pano ensanguentado.

His right hand was tightly wrapped in a bloody cloth.

A perna da calça dele estava rasgada do joelho ao pé.

His trouser leg was torn wide open from knee to foot.

"Quanto o outro sujeito recebeu?" perguntou o homem do bar.

"How much did the other mug get paid?" asked the saloon man.

"Cem", respondeu o homem, "ele não aceitaria um centavo a menos".

"A hundred," the man replied, "he wouldn't take a cent less."

"Isso dá cento e cinquenta", disse o homem do bar.

"That comes to a hundred and fifty," the saloon man said.

"E ele vale tudo isso, ou eu não sou melhor que um idiota."

"And he's worth it all, or I'm no better than a blockhead."

O homem abriu os embrulhos para examinar sua mão.

The man opened the wrappings to examine his hand.

A mão estava muito rasgada e coberta de sangue seco.

The hand was badly torn and crusted in dried blood.

"Se eu não tiver hidrofobia…" ele começou a dizer.

"If I don't get the hydrophobia…" he began to say.

"Será porque você nasceu para ser enforcado", riu alguém.

"It'll be because you were born to hang," came a laugh.

"Venha me ajudar antes de ir", ele foi solicitado.

"Come help me out before you get going," he was asked.

Buck estava atordoado por causa da dor na língua e na garganta.

Buck was in a daze from the pain in his tongue and throat.

Ele estava meio estrangulado e mal conseguia ficar de pé.

He was half-strangled, and could barely stand upright.

Mesmo assim, Buck tentou encarar os homens que o machucaram tanto.

Still, Buck tried to face the men who had hurt him so.

Mas eles o jogaram no chão e o sufocaram novamente.

But they threw him down and choked him once again.

Só então eles conseguiram serrar sua pesada coleira de latão.

Only then could they saw off his heavy brass collar.

Eles removeram a corda e o empurraram para dentro de uma caixa.

They removed the rope and shoved him into a crate.

A caixa era pequena e tinha o formato de uma gaiola de ferro rústica.

The crate was small and shaped like a rough iron cage.

Buck ficou ali a noite toda, cheio de ira e orgulho ferido.

Buck lay there all night, filled with wrath and wounded pride.

Ele não conseguia nem começar a entender o que estava acontecendo com ele.

He could not begin to understand what was happening to him.

Por que esses homens estranhos o mantinham nessa pequena caixa?

Why were these strange men keeping him in this small crate?

O que queriam com ele e por que esse cativeiro cruel?

What did they want with him, and why this cruel captivity?

Ele sentiu uma pressão sombria; uma sensação de desastre se aproximando.

He felt a dark pressure; a sense of disaster drawing closer.

Era um medo vago, mas que se instalou fortemente em seu espírito.

It was a vague fear, but it settled heavily on his spirit.

Várias vezes ele pulou quando a porta do galpão fez barulho.

Several times he jumped up when the shed door rattled.

Ele esperava que o Juiz ou os meninos aparecessem e o resgatassem.

He expected the Judge or the boys to appear and rescue him.

Mas apenas o rosto gordo do dono do bar aparecia lá dentro todas as vezes.

But only the saloon-keeper's fat face peeked inside each time.

O rosto do homem estava iluminado pelo brilho fraco de uma vela de sebo.

The man's face was lit by the dim glow of a tallow candle.

A cada vez, o latido alegre de Buck se transformava em um rosnado baixo e raivoso.

Each time, Buck's joyful bark changed to a low, angry growl.

O dono do bar o deixou sozinho durante a noite na caixa

The saloon-keeper left him alone for the night in the crate

Mas quando ele acordou de manhã, mais homens estavam chegando.

But when he awoke in the morning more men were coming.

Quatro homens vieram e pegaram cuidadosamente a caixa sem dizer uma palavra.

Four men came and gingerly picked up the crate without a word.

Buck soube imediatamente da situação em que se encontrava.

Buck knew at once the situation he found himself in.

Eles eram outros algozes que ele tinha que lutar e temer.

They were further tormentors that he had to fight and fear.

Esses homens pareciam perversos, esfarrapados e muito maltratados.

These men looked wicked, ragged, and very badly groomed.

Buck rosnou e investiu ferozmente contra eles através das grades.

Buck snarled and lunged at them fiercely through the bars.

Eles apenas riram e o cutucaram com longos pedaços de madeira.

They just laughed and jabbed at him with long wooden sticks.

Buck mordeu os gravetos e então percebeu que era disso que eles gostavam.

Buck bit at the sticks, then realized that was what they liked.

Então ele se deitou em silêncio, taciturno e ardendo de raiva silenciosa.

So he lay down quietly, sullen and burning with quiet rage.

Eles colocaram a caixa em uma carroça e foram embora com ele.

They lifted the crate into a wagon and drove away with him.

A caixa, com Buck trancado dentro, trocava de mãos com frequência.

The crate, with Buck locked inside, changed hands often.

Os funcionários do escritório Express assumiram o controle e o atenderam rapidamente.

Express office clerks took charge and handled him briefly.

Depois, outra carroça levou Buck pela cidade barulhenta.

Then another wagon carried Buck across the noisy town.

Um caminhão o levou com caixas e pacotes para uma balsa.

A truck took him with boxes and parcels onto a ferry boat.

Após a travessia, o caminhão o descarregou em um depósito ferroviário.

After crossing, the truck unloaded him at a rail depot.

Por fim, Buck foi colocado dentro de um vagão expresso que o aguardava.

At last, Buck was placed inside a waiting express car.

Durante dois dias e duas noites, os trens puxaram o vagão expresso.

For two days and nights, trains pulled the express car away.

Buck não comeu nem bebeu durante toda a dolorosa jornada.

Buck neither ate nor drank during the whole painful journey.

Quando os mensageiros expressos tentaram se aproximar dele, ele rosnou.

When the express messengers tried to approach him, he growled.

Eles responderam zombando dele e provocando-o cruelmente.

They responded by mocking him and teasing him cruelly.

Buck se jogou nas grades, espumando e tremendo

Buck threw himself at the bars, foaming and shaking

Eles riram alto e o provocaram como valentões de pátio de escola.

they laughed loudly, and taunted him like schoolyard bullies.

Eles latiam como cães falsos e batiam os braços.

They barked like fake dogs and flapped their arms.

Eles até cantaram como galos só para irritá-lo ainda mais.

They even crowed like roosters just to upset him more.

Era um comportamento tolo, e Buck sabia que era ridículo.

It was foolish behavior, and Buck knew it was ridiculous.

Mas isso só aprofundou seu sentimento de indignação e vergonha.

But that only deepened his sense of outrage and shame.

Ele não se incomodou muito com a fome durante a viagem.

He was not bothered much by hunger during the trip.

Mas a sede trazia uma dor aguda e um sofrimento insuportável.

But thirst brought sharp pain and unbearable suffering.

Sua garganta e língua secas e inflamadas queimavam de calor.

His dry, inflamed throat and tongue burned with heat.

Essa dor alimentava a febre que crescia em seu corpo orgulhoso.

This pain fed the fever rising within his proud body.

Buck ficou grato por uma única coisa durante esse julgamento.

Buck was thankful for one single thing during this trial.

A corda havia sido retirada de seu pescoço grosso.

The rope had been removed from around his thick neck.

A corda deu àqueles homens uma vantagem injusta e cruel.

The rope had given those men an unfair and cruel advantage.

Agora a corda havia sumido, e Buck jurou que ela nunca mais voltaria.

Now the rope was gone, and Buck swore it would never return.

Ele decidiu que nunca mais colocaria uma corda em seu pescoço.

He resolved no rope would ever go around his neck again.

Durante dois longos dias e noites, ele sofreu sem comida.
For two long days and nights, he suffered without food.
E nessas horas ele acumulava uma raiva enorme dentro de si.
And in those hours, he built up an enormous rage inside.
Seus olhos ficaram vermelhos e selvagens devido à raiva constante.
His eyes turned bloodshot and wild from constant anger.
Ele não era mais Buck, mas um demônio com mandíbulas afiadas.
He was no longer Buck, but a demon with snapping jaws.
Nem mesmo o Juiz reconheceria essa criatura louca.
Even the Judge would not have known this mad creature.
Os mensageiros expressos suspiraram de alívio quando chegaram a Seattle
The express messengers sighed in relief when they reached Seattle
Quatro homens levantaram a caixa e a levaram para um quintal.
Four men lifted the crate and brought it to a back yard.
O pátio era pequeno, cercado por muros altos e sólidos.
The yard was small, surrounded by high and solid walls.
Um homem grande saiu vestindo uma camisa vermelha larga.
A big man stepped out in a sagging red sweater shirt.
Ele assinou o livro de entrega com uma letra grossa e ousada.
He signed the delivery book with a thick and bold hand.
Buck percebeu imediatamente que aquele homem seria seu próximo algoz.
Buck sensed at once that this man was his next tormentor.
Ele investiu violentamente contra as barras, com os olhos vermelhos de fúria.
He lunged violently at the bars, eyes red with fury.
O homem apenas deu um sorriso sombrio e foi buscar um machado.
The man just smiled darkly and went to fetch a hatchet.
Ele também trouxe um porrete em sua grossa e forte mão direita.

He also brought a club in his thick and strong right hand.

"Você vai tirá-lo agora?", perguntou o motorista, preocupado.

"You going to take him out now?" the driver asked, concerned.

"Claro", disse o homem, enfiando o machado na caixa como uma alavanca.

"Sure," said the man, jamming the hatchet into the crate as a lever.

Os quatro homens se espalharam instantaneamente, pulando no muro do pátio.

The four men scattered instantly, jumping up onto the yard wall.

De seus lugares seguros acima, eles esperaram para assistir ao espetáculo.

From their safe spots above, they waited to watch the spectacle.

Buck investiu contra a madeira lascada, mordendo e sacudindo ferozmente.

Buck lunged at the splintered wood, biting and shaking fiercely.

Cada vez que o machado batia na gaiola, Buck estava lá para atacá-lo.

Each time the hatchet hit the cage), Buck was there to attack it.

Ele rosnou e estalou com raiva selvagem, ansioso para ser libertado.

He growled and snapped with wild rage, eager to be set free.

O homem lá fora estava calmo e firme, concentrado em sua tarefa.

The man outside was calm and steady, intent on his task.

"Certo então, seu demônio de olhos vermelhos", ele disse quando o buraco ficou grande.

"Right then, you red-eyed devil," he said when the hole was large.

Ele largou o machado e pegou o porrete na mão direita.

He dropped the hatchet and took the club in his right hand.

Buck realmente parecia um demônio; olhos vermelhos e flamejantes.

Buck truly looked like a devil; eyes bloodshot and blazing.

Seu pelo estava eriçado, espuma saía de sua boca e seus olhos brilhavam.

His coat bristled, foam frothed at his mouth, eyes glinting.

Ele contraiu os músculos e saltou direto para o suéter vermelho.

He bunched his muscles and sprang straight at the red sweater.

Cento e quarenta libras de fúria voaram em direção ao homem calmo.

One hundred and forty pounds of fury flew at the calm man.

Pouco antes de suas mandíbulas se fecharem, um golpe terrível o atingiu.

Just before his jaws clamped shut, a terrible blow struck him.

Seus dentes estalaram em nada além de ar

His teeth snapped together on nothing but air

uma pontada de dor reverberou por seu corpo

a jolt of pain reverberated through his body

Ele girou no ar e caiu de costas e de lado.

He flipped midair and crashed down on his back and side.

Ele nunca havia sentido um golpe de taco antes e não conseguia segurá-lo.

He had never before felt a club's blow and could not grasp it.

Com um rosnado estridente, parte latido, parte grito, ele saltou novamente.

With a shrieking snarl, part bark, part scream, he leaped again.

Outro golpe brutal o atingiu e o jogou no chão.

Another brutal strike hit him and hurled him to the ground.

Desta vez, Buck entendeu: era o pesado porrete do homem.

This time Buck understood — it was the man's heavy club.

Mas a raiva o cegou, e ele não pensou em recuar.

But rage blinded him, and he had no thought of retreat.

Doze vezes ele se lançou e doze vezes caiu.

Twelve times he launched himself, and twelve times he fell.

O porrete de madeira o esmagava todas as vezes com uma
força implacável e esmagadora.
The wooden club smashed him each time with ruthless,
crushing force.
Depois de um golpe violento, ele cambaleou e ficou de pé,
atordoado e lento.
After one fierce blow, he staggered to his feet, dazed and slow.
Sangue escorria de sua boca, nariz e até mesmo de suas
orelhas.
Blood ran from his mouth, his nose, and even his ears.
Seu pelo, antes lindo, estava manchado de espuma
ensanguentada.
His once-beautiful coat was smeared with bloody foam.
Então o homem se aproximou e desferiu um golpe violento
no nariz.
Then the man stepped up and struck a wicked blow to the
nose.
A agonia era mais aguda do que qualquer coisa que Buck já
havia sentido.
The agony was sharper than anything Buck had ever felt.
Com um rugido mais de animal do que de cachorro, ele
saltou novamente para atacar.
With a roar more beast than dog, he leaped again to attack.
Mas o homem agarrou seu maxilar inferior e o torceu para
trás.
But the man caught his lower jaw and twisted it backward.
Buck virou de cabeça para baixo e caiu com força novamente.
Buck flipped head over heels, crashing down hard again.
Uma última vez, Buck investiu contra ele, agora mal
conseguindo ficar de pé.
One final time, Buck charged at him, now barely able to stand.
O homem atacou com precisão e precisão, desferindo o golpe
final.
The man struck with expert timing, delivering the final blow.
Buck caiu no chão, inconsciente e imóvel.
Buck collapsed in a heap, unconscious and unmoving.

"Ele não é nenhum idiota em domar cães, é o que eu digo", gritou um homem.

"He's no slouch at dog-breaking, that's what I say," a man yelled.

"Druther pode quebrar a vontade de um cão em qualquer dia da semana."

"Druther can break the will of a hound any day of the week."

"E duas vezes num domingo!" acrescentou o motorista.

"And twice on a Sunday!" added the driver.

Ele subiu na carroça e estalou as rédeas para sair.

He climbed into the wagon and cracked the reins to leave.

Buck recuperou lentamente o controle de sua consciência

Buck slowly regained control of his consciousness

mas seu corpo ainda estava muito fraco e quebrado para se mover.

but his body was still too weak and broken to move.

Ele ficou deitado onde havia caído, observando o homem de suéter vermelho.

He lay where he had fallen, watching the red-sweatered man.

"Ele atende pelo nome de Buck", disse o homem, lendo em voz alta.

"He answers to the name of Buck," the man said, reading aloud.

Ele citou a nota enviada com a caixa de Buck e detalhes.

He quoted from the note sent with Buck's crate and details.

"Bem, Buck, meu rapaz", continuou o homem com um tom amigável,

"Well, Buck, my boy," the man continued with a friendly tone,

"tivemos nossa pequena briga, e agora acabou entre nós."

"we've had our little fight, and now it's over between us."

"Você aprendeu o seu lugar e eu aprendi o meu", acrescentou.

"You've learned your place, and I've learned mine," he added.

"Seja bom, e tudo correrá bem, e a vida será agradável."

"Be good, and all will go well, and life will be pleasant."

"Mas seja mau e eu vou te dar uma surra, entendeu?"

"But be bad, and I'll beat the stuffing out of you, understand?"

Enquanto falava, ele estendeu a mão e afagou a cabeça dolorida de Buck.

As he spoke, he reached out and patted Buck's sore head.

Os cabelos de Buck se arrepiaram ao toque do homem, mas ele não resistiu.

Buck's hair rose at the man's touch, but he didn't resist.

O homem trouxe-lhe água, que Buck bebeu em grandes goles.

The man brought him water, which Buck drank in great gulps.

Depois veio a carne crua, que Buck devorou pedaço por pedaço.

Then came raw meat, which Buck devoured chunk by chunk.

Ele sabia que estava derrotado, mas também sabia que não estava quebrado.

He knew he was beaten, but he also knew he wasn't broken.

Ele não tinha chance contra um homem armado com um porrete.

He had no chance against a man armed with a club.

Ele aprendeu a verdade e nunca esqueceu essa lição.

He had learned the truth, and he never forgot that lesson.

Aquela arma foi o início da lei no novo mundo de Buck.

That weapon was the beginning of law in Buck's new world.

Foi o início de uma ordem dura e primitiva que ele não podia negar.

It was the start of a harsh, primitive order he could not deny.

Ele aceitou a verdade; seus instintos selvagens agora estavam despertos.

He accepted the truth; his wild instincts were now awake.

O mundo ficou mais duro, mas Buck o enfrentou bravamente.

The world had grown harsher, but Buck faced it bravely.

Ele enfrentou a vida com nova cautela, astúcia e força silenciosa.

He met life with new caution, cunning, and quiet strength.

Mais cães chegaram, amarrados em cordas ou caixas, como Buck havia estado.

More dogs arrived, tied in ropes or crates like Buck had been.

Alguns cães vinham calmamente, outros se enfureciam e lutavam como feras selvagens.

Some dogs came calmly, others raged and fought like wild beasts.

Todos eles foram colocados sob o domínio do homem de suéter vermelho.

All of them were brought under the rule of the red-sweatered man.

Cada vez, Buck observava e via a mesma lição se desenrolar.

Each time, Buck watched and saw the same lesson unfold.

O homem com o porrete era a lei; um mestre a ser obedecido.

The man with the club was law; a master to be obeyed.

Ele não precisava ser gostado, mas tinha que ser obedecido.

He did not need to be liked, but he had to be obeyed.

Buck nunca bajulava ou abanava o rabo como os cães mais fracos faziam.

Buck never fawned or wagged like the weaker dogs did.

Ele viu cães que foram espancados e ainda lamberam a mão do homem.

He saw dogs that were beaten and still licked the man's hand.

Ele viu um cachorro que não obedecia nem se submetia.

He saw one dog who would not obey or submit at all.

Aquele cão lutou até ser morto na batalha pelo controle.

That dog fought until he was killed in the battle for control.

Às vezes, estranhos vinham ver o homem de suéter vermelho.

Strangers would sometimes come to see the red-sweatered man.

Eles falavam em tons estranhos, implorando, barganhando e rindo.

They spoke in strange tones, pleading, bargaining, and laughing.

Quando o dinheiro era trocado, eles saíam com um ou mais cães.

When money was exchanged, they left with one or more dogs.

Buck se perguntou para onde esses cães foram, pois nenhum deles jamais retornou.

Buck wondered where these dogs went, for none ever returned.

O medo do desconhecido enchia Buck toda vez que um homem estranho aparecia

fear of the unknown filled Buck every time a strange man came

ele ficava feliz cada vez que outro cachorro era levado, em vez dele.

he was glad each time another dog was taken, rather than himself.

Mas finalmente chegou a vez de Buck com a chegada de um homem estranho.

But finally, Buck's turn came with the arrival of a strange man.

Ele era pequeno, magro, falava um inglês quebrado e xingava.

He was small, wiry, and spoke in broken English and curses.

"Sacredam!" ele gritou quando pôs os olhos no corpo de Buck.

"Sacredam!" he yelled when he laid eyes on Buck's frame.

"Esse cachorro é um valentão! Hein? Quanto?", perguntou ele em voz alta.

"That's one damn bully dog! Eh? How much?" he asked aloud.

"Trezentos, e ele é um presente por esse preço,"

"Three hundred, and he's a present at that price,"

"Já que é dinheiro do governo, você não deveria reclamar, Perrault."

"Since it's government money, you shouldn't complain, Perrault."

Perrault sorriu para o acordo que tinha acabado de fazer com o homem.

Perrault grinned at the deal he had just made with the man.

O preço dos cães disparou devido à demanda repentina.

The price of dogs had soared due to the sudden demand.

Trezentos dólares não era injusto por um animal tão bom.

Three hundred dollars wasn't unfair for such a fine beast.

O governo canadense não perderia nada no acordo

The Canadian Government would not lose anything in the deal

Nem seus despachos oficiais seriam atrasados no trânsito.

Nor would their official dispatches be delayed in transit.

Perrault conhecia bem os cães e podia ver que Buck era algo raro.

Perrault knew dogs well, and could see Buck was something rare.

"Um em dez mil", pensou ele, enquanto estudava a constituição física de Buck.

"One in ten ten-thousand," he thought, as he studied Buck's build.

Buck viu o dinheiro mudar de mãos, mas não demonstrou surpresa.

Buck saw the money change hands, but showed no surprise.

Logo ele e Curly, um dócil Terra Nova, foram levados embora.

Soon he and Curly, a gentle Newfoundland, were led away.

Eles seguiram o homenzinho do quintal do suéter vermelho.

They followed the little man from the red sweater's yard.

Essa foi a última vez que Buck viu o homem com o porrete de madeira.

That was the last Buck ever saw of the man with the wooden club.

Do convés do Narwhal, ele observou Seattle desaparecer na distância.

From the Narwhal's deck he watched Seattle fade into the distance.

Foi também a última vez que ele viu a cálida região de Southland.

It was also the last time he ever saw the warm Southland.

Perrault os levou para o convés inferior e os deixou com François.

Perrault took them below deck, and left them with François.

François era um gigante de rosto negro e mãos ásperas e calejadas.

François was a black-faced giant with rough, calloused hands.

Ele era moreno e mestiço franco-canadense.

He was dark and swarthy; a half-breed French-Canadian.

Para Buck, esses homens eram de um tipo que ele nunca tinha visto antes.

To Buck, these men were of a kind he had never seen before.

Ele conheceria muitos homens assim nos dias seguintes.

He would come to know many such men in the days ahead.

Ele não gostava deles, mas passou a respeitá-los.

He did not grow fond of them, but he came to respect them.

Eles eram justos e sábios, e não eram facilmente enganados por nenhum cão.

They were fair and wise, and not easily fooled by any dog.

Eles julgavam os cães com calma e puniam apenas quando merecido.

They judged dogs calmly, and punished only when deserved.

No convés inferior do Narwhal, Buck e Curly encontraram dois cães.

In the Narwhal's lower deck, Buck and Curly met two dogs.

Um deles era um grande cão branco da distante e gelada Spitzbergen.

One was a large white dog from far-off, icy Spitzbergen.

Certa vez, ele navegou com um baleeiro e se juntou a um grupo de pesquisa.

He'd once sailed with a whaler and joined a survey group.

Ele era amigável de uma forma astuta, dissimulada e ardilosa.

He was friendly in a sly, underhanded and crafty fashion.

Na primeira refeição, ele roubou um pedaço de carne da panela de Buck.

At their first meal, he stole a piece of meat from Buck's pan.

Buck saltou para puni-lo, mas o chicote de François o atingiu primeiro.

Buck jumped to punish him, but François's whip struck first.

O ladrão branco gritou, e Buck recuperou o osso roubado.

The white thief yelped, and Buck reclaimed the stolen bone.

Essa justiça impressionou Buck, e François conquistou seu respeito.

That fairness impressed Buck, and François earned his respect.

O outro cão não cumprimentou e não quis receber nada em troca.

The other dog gave no greeting, and wanted none in return.

Ele não roubou comida, nem cheirou os recém-chegados com interesse.

He didn't steal food, nor sniff at the new arrivals with interest.

Este cão era sombrio e quieto, sombrio e lento.

This dog was grim and quiet, gloomy and slow-moving.

Ele avisou Curly para ficar longe, simplesmente olhando feio para ela.

He warned Curly to stay away by simply glaring at her.

Sua mensagem foi clara: deixe-me em paz ou haverá problemas.

His message was clear; leave me alone or there'll be trouble.

Ele se chamava Dave e mal notava o que estava ao seu redor.

He was called Dave, and he barely noticed his surroundings.

Ele dormia bastante, comia em silêncio e bocejava de vez em quando.

He slept often, ate quietly, and yawned now and again.

O navio zumbia constantemente com a hélice batendo abaixo.

The ship hummed constantly with the beating propeller below.

Os dias passaram com pouca mudança, mas o clima ficou mais frio.

Days passed with little change, but the weather got colder.

Buck podia sentir isso em seus ossos e percebeu que os outros também sentiam.

Buck could feel it in his bones, and noticed the others did too.

Então, uma manhã, a hélice parou e tudo ficou quieto.

Then one morning, the propeller stopped and all was still.

Uma energia percorreu a nave; algo havia mudado.

An energy swept through the ship; something had changed.

François desceu, prendeu-os nas coleiras e os trouxe para cima.

François came down, clipped them on leashes, and brought them up.

Buck saiu e encontrou o chão macio, branco e frio.

Buck stepped out and found the ground soft, white, and cold.

Ele pulou para trás, alarmado, e bufou, totalmente confuso.

He jumped back in alarm and snorted in total confusion.

Uma coisa branca estranha estava caindo do céu cinza.

Strange white stuff was falling from the gray sky.

Ele se sacudiu, mas os flocos brancos continuavam caindo nele.

He shook himself, but the white flakes kept landing on him.

Ele cheirou a substância branca cuidadosamente e lambeu alguns pedaços congelados.

He sniffed the white stuff carefully and licked at a few icy bits.

O pó queimou como fogo e depois desapareceu de sua língua.

The powder burned like fire, then vanished right off his tongue.

Buck tentou novamente, intrigado pelo estranho frio que desaparecia.

Buck tried again, puzzled by the odd vanishing coldness.

Os homens ao redor dele riram e Buck se sentiu envergonhado.

The men around him laughed, and Buck felt embarrassed.

Ele não sabia porquê, mas estava envergonhado de sua reação.

He didn't know why, but he was ashamed of his reaction.

Foi sua primeira experiência com neve e isso o deixou confuso.

It was his first experience with snow, and it confused him.

A Lei do Clube e da Presa
The Law of Club and Fang

O primeiro dia de Buck na praia de Dyea pareceu um pesadelo terrível.
Buck's first day on the Dyea beach felt like a terrible nightmare.

Cada hora trazia novos choques e mudanças inesperadas para Buck.
Each hour brought new shocks and unexpected changes for Buck.

Ele foi arrancado da civilização e jogado no caos selvagem.
He had been pulled from civilization and thrown into wild chaos.

Não era uma vida ensolarada, preguiçosa, cheia de tédio e descanso.
This was no sunny, lazy life with boredom and rest.

Não havia paz, nem descanso, nem momento algum sem perigo.
There was no peace, no rest, and no moment without danger.

A confusão reinava em tudo e o perigo estava sempre por perto.
Confusion ruled everything, and danger was always close.

Buck teve que ficar alerta porque esses homens e cães eram diferentes.
Buck had to stay alert because these men and dogs were different.

Eles não eram de cidades; eram selvagens e sem misericórdia.
They were not from towns; they were wild and without mercy.

Esses homens e cães só conheciam a lei da clava e das presas.
These men and dogs only knew the law of club and fang.

Buck nunca tinha visto cães brigarem como esses huskies selvagens.
Buck had never seen dogs fight like these savage huskies.

Sua primeira experiência lhe ensinou uma lição que ele nunca esqueceria.

His first experience taught him a lesson he would never forget.

Ele teve sorte de não ter sido ele, ou ele também teria morrido.

He was lucky it was not him, or he would have died too.

Curly foi quem sofreu enquanto Buck observava e aprendia.

Curly was the one who suffered while Buck watched and learned.

Eles montaram acampamento perto de uma loja construída com toras.

They had made camp near a store built from logs.

Curly tentou ser amigável com um grande husky parecido com um lobo.

Curly tried to be friendly to a large, wolf-like husky.

O husky era menor que Curly, mas parecia selvagem e malvado.

The husky was smaller than Curly, but looked wild and mean.

Sem aviso, ele pulou e abriu o rosto dela.

Without warning, he jumped and slashed her face open.

Os dentes dele cortaram do olho dela até o maxilar em um só movimento.

His teeth cut from her eye down to her jaw in one move.

Era assim que os lobos lutavam: atacavam rápido e pulavam para longe.

This was how wolves fought—hit fast and jump away.

Mas havia mais a aprender do que apenas naquele ataque.

But there was more to learn than from that one attack.

Dezenas de huskies correram e formaram um círculo silencioso.

Dozens of huskies rushed in and made a silent circle.

Eles observavam atentamente e lambiam os lábios de fome.

They watched closely and licked their lips with hunger.

Buck não entendia o silêncio deles nem seus olhares ansiosos.

Buck didn't understand their silence or their eager eyes.

Curly correu para atacar o husky uma segunda vez.
Curly rushed to attack the husky a second time.
Ele usou o peito para derrubá-la com um movimento forte.
He used his chest to knock her over with a strong move.
Ela caiu de lado e não conseguiu se levantar.
She fell on her side and could not get back up.
Era isso que os outros estavam esperando o tempo todo.
That was what the others had been waiting for all along.
Os huskies pularam sobre ela, gritando e rosnando freneticamente.
The huskies jumped on her, yelping and snarling in a frenzy.
Ela gritou quando a enterraram sob uma pilha de cachorros.
She screamed as they buried her under a pile of dogs.
O ataque foi tão rápido que Buck ficou paralisado em choque.
The attack was so fast that Buck froze in place with shock.
Ele viu Spitz colocar a língua para fora de um jeito que parecia uma risada.
He saw Spitz stick out his tongue in a way that looked like a laugh.
François pegou um machado e correu direto para o grupo de cães.
François grabbed an axe and ran straight into the group of dogs.
Três outros homens usaram cassetetes para ajudar a espantar os huskies.
Three other men used clubs to help beat the huskies away.
Em apenas dois minutos, a luta acabou e os cães foram embora.
In just two minutes, the fight was over and the dogs were gone.
Curly jazia morta na neve vermelha e pisoteada, com o corpo despedaçado.
Curly lay dead in the red, trampled snow, her body torn apart.
Um homem de pele escura estava de pé sobre ela, amaldiçoando a cena brutal.
A dark-skinned man stood over her, cursing the brutal scene.

A lembrança permaneceu com Buck e assombrava seus sonhos à noite.

The memory stayed with Buck and haunted his dreams at night.

Esse era o jeito aqui: sem justiça, sem segunda chance.

That was the way here; no fairness, no second chance.

Quando um cachorro caía, os outros o matavam sem piedade.

Once a dog fell, the others would kill without mercy.

Buck decidiu então que nunca se deixaria cair.

Buck decided then that he would never allow himself to fall.

Spitz mostrou a língua novamente e riu do sangue.

Spitz stuck out his tongue again and laughed at the blood.

Daquele momento em diante, Buck odiou Spitz de todo o coração.

From that moment on, Buck hated Spitz with all his heart.

Antes que Buck pudesse se recuperar da morte de Curly, algo novo aconteceu.

Before Buck could recover from Curly's death, something new happened.

François se aproximou e amarrou algo ao redor do corpo de Buck.

François came over and strapped something around Buck's body.

Era um arreio como os usados nos cavalos da fazenda.

It was a harness like the ones used on horses at the ranch.

Assim como Buck tinha visto os cavalos trabalharem, agora ele também era obrigado a trabalhar.

As Buck had seen horses work, now he was made to work too.

Ele teve que puxar François em um trenó para a floresta próxima.

He had to pull François on a sled into the forest nearby.

Depois ele teve que puxar uma carga pesada de lenha.

Then he had to pull back a load of heavy firewood.

Buck era orgulhoso, então ficava magoado ao ser tratado como um animal de trabalho.

Buck was proud, so it hurt him to be treated like a work animal.

Mas ele era sábio e não tentou lutar contra a nova situação.

But he was wise and didn't try to fight the new situation.

Ele aceitou sua nova vida e deu o melhor de si em cada tarefa.

He accepted his new life and gave his best in every task.

Tudo no trabalho era estranho e desconhecido para ele.

Everything about the work was strange and unfamiliar to him.

Francisco era rigoroso e exigia obediência sem demora.

François was strict and demanded obedience without delay.

Seu chicote garantia que cada comando fosse seguido imediatamente.

His whip made sure that every command was followed at once.

Dave era o condutor do trenó, e o cachorro ficava mais próximo dele, atrás de Buck.

Dave was the wheeler, the dog nearest the sled behind Buck.

Dave mordia Buck nas patas traseiras se ele cometesse um erro.

Dave bit Buck on the back legs if he made a mistake.

Spitz era o cão líder, habilidoso e experiente na função.

Spitz was the lead dog, skilled and experienced in the role.

Spitz não conseguiu alcançar Buck facilmente, mas mesmo assim o corrigiu.

Spitz could not reach Buck easily, but still corrected him.

Ele rosnava asperamente ou puxava o trenó de um jeito que ensinava Buck.

He growled harshly or pulled the sled in ways that taught Buck.

Com esse treinamento, Buck aprendeu mais rápido do que qualquer um deles esperava.

Under this training, Buck learned faster than any of them expected.

Ele trabalhou duro e aprendeu com François e os outros cães.

He worked hard and learned from both François and the other dogs.

Quando retornaram, Buck já conhecia os comandos principais.

By the time they returned, Buck already knew the key commands.

Ele aprendeu a parar ao som de "ho" com François.

He learned to stop at the sound of "ho" from François.

Ele aprendeu quando tinha que puxar o trenó e correr.

He learned when he had to pull the sled and run.

Ele aprendeu a fazer curvas abertas na trilha sem problemas.

He learned to turn wide at bends in the trail without trouble.

Ele também aprendeu a evitar Dave quando o trenó descia rapidamente.

He also learned to avoid Dave when the sled went downhill fast.

"Eles são cães muito bons", disse François orgulhosamente a Perrault.

"They're very good dogs," François proudly told Perrault.

"Aquele Buck puxa muito bem, eu o ensino rápido como nunca."

"That Buck pulls like hell — I teach him quick as anything."

Mais tarde naquele dia, Perrault voltou com mais dois cães husky.

Later that day, Perrault came back with two more husky dogs.

Os nomes deles eram Billee e Joe, e eles eram irmãos.

Their names were Billee and Joe, and they were brothers.

Eles vieram da mesma mãe, mas não eram nada parecidos.

They came from the same mother, but were not alike at all.

Billee era doce e muito amigável com todos.

Billee was sweet-natured and too friendly with everyone.

Joe era o oposto: quieto, irritado e sempre rosnando.

Joe was the opposite — quiet, angry, and always snarling.

Buck os cumprimentou de forma amigável e estava calmo com ambos.

Buck greeted them in a friendly way and was calm with both.

Dave não prestou atenção neles e permaneceu em silêncio, como sempre.

Dave paid no attention to them and stayed silent as usual.

Spitz atacou primeiro Billee, depois Joe, para mostrar seu domínio.

Spitz attacked first Billee, then Joe, to show his dominance.

Billee abanou o rabo e tentou ser amigável com Spitz.

Billee wagged his tail and tried to be friendly to Spitz.

Quando isso não funcionou, ele tentou fugir.

When that didn't work, he tried to run away instead.

Ele chorou tristemente quando Spitz o mordeu com força na lateral do corpo.

He cried sadly when Spitz bit him hard on the side.

Mas Joe era muito diferente e se recusava a ser intimidado.

But Joe was very different and refused to be bullied.

Toda vez que Spitz se aproximava, Joe se virava rapidamente para encará-lo.

Every time Spitz came near, Joe spun to face him fast.

Seus pelos se eriçaram, seus lábios se curvaram e seus dentes estalaram violentamente.

His fur bristled, his lips curled, and his teeth snapped wildly.

Os olhos de Joe brilharam de medo e raiva, desafiando Spitz a atacar.

Joe's eyes gleamed with fear and rage, daring Spitz to strike.

Spitz desistiu da luta e se virou, humilhado e irritado.

Spitz gave up the fight and turned away, humiliated and angry.

Ele descontou sua frustração no pobre Billee e o expulsou.

He took out his frustration on poor Billee and chased him away.

Naquela noite, Perrault acrescentou mais um cão à equipe.

That evening, Perrault added one more dog to the team.

Este cão era velho, magro e coberto de cicatrizes de batalha.

This dog was old, lean, and covered in battle scars.

Um dos seus olhos estava faltando, mas o outro brilhava com poder.

One of his eyes was missing, but the other flashed with power.

O nome do novo cachorro era Solleks, que significa o Zangado.

The new dog's name was Solleks, which meant the Angry One.

Assim como Dave, Solleks não pedia nada aos outros e não dava nada em troca.

Like Dave, Solleks asked nothing from others, and gave nothing back.

Quando Solleks caminhou lentamente em direção ao acampamento, até Spitz ficou longe.

When Solleks walked slowly into camp, even Spitz stayed away.

Ele tinha um hábito estranho que Buck teve o azar de descobrir.

He had a strange habit that Buck was unlucky to discover.

Solleks odiava ser abordado pelo lado em que era cego.

Solleks hated being approached on the side where he was blind.

Buck não sabia disso e cometeu esse erro por acidente.

Buck did not know this and made that mistake by accident.

Solleks girou e golpeou o ombro de Buck de forma rápida e profunda.

Solleks spun around and slashed Buck's shoulder deep and fast.

Daquele momento em diante, Buck nunca mais chegou perto do ponto cego de Solleks.

From that moment on, Buck never came near Solleks' blind side.

Eles nunca mais tiveram problemas durante o tempo que passaram juntos.

They never had trouble again for the rest of their time together.

Solleks só queria ficar sozinho, como o quieto Dave.

Solleks wanted only to be left alone, like quiet Dave.

Mas Buck descobriria mais tarde que cada um deles tinha outro objetivo secreto.

But Buck would later learn they each had another secret goal.

Naquela noite, Buck enfrentou um novo e preocupante desafio: como dormir.

That night Buck faced a new and troubling challenge—how to sleep.

A tenda brilhava intensamente com a luz de velas no campo nevado.

The tent glowed warmly with candlelight in the snowy field.

Buck entrou, pensando que poderia descansar ali como antes.

Buck walked inside, thinking he could rest there like before.

Mas Perrault e François gritaram com ele e jogaram panelas.

But Perrault and François yelled at him and threw pans.

Chocado e confuso, Buck correu para o frio congelante.

Shocked and confused, Buck ran out into the freezing cold.

Um vento cortante atingiu seu ombro ferido e congelou suas patas.

A bitter wind stung his wounded shoulder and froze his paws.

Ele deitou-se na neve e tentou dormir ao relento.

He lay down in the snow and tried to sleep out in the open.

Mas o frio logo o forçou a se levantar, tremendo muito.

But the cold soon forced him to get back up, shaking badly.

Ele vagou pelo acampamento, tentando encontrar um lugar mais quente.

He wandered through the camp, trying to find a warmer spot.

Mas cada canto era tão frio quanto o anterior.

But every corner was just as cold as the one before.

Às vezes, cães selvagens saltavam sobre ele da escuridão.

Sometimes savage dogs jumped at him from the darkness.

Buck eriçou o pelo, mostrou os dentes e rosnou em advertência.

Buck bristled his fur, bared his teeth, and snarled with warning.

Ele estava aprendendo rápido, e os outros cães recuaram rapidamente.

He was learning fast, and the other dogs backed off quickly.

Ainda assim, ele não tinha onde dormir e nem ideia do que fazer.

Still, he had no place to sleep, and no idea what to do.

Por fim, um pensamento lhe ocorreu: verificar seus companheiros de equipe.

At last, a thought came to him—check on his team-mates.

Ele retornou à área deles e ficou surpreso ao descobrir que eles haviam sumido.

He returned to their area and was surprised to find them gone.

Ele procurou novamente pelo acampamento, mas ainda não conseguiu encontrá-los.

Again he searched the camp, but still could not find them.

Ele sabia que eles não poderiam ficar na tenda, ou ele também ficaria.

He knew they could not be in the tent, or he would be too.

Então, para onde foram todos os cães neste acampamento congelado?

So where had all the dogs gone in this frozen camp?

Buck, com frio e infeliz, circulou lentamente ao redor da tenda.

Buck, cold and miserable, slowly circled around the tent.

De repente, suas patas dianteiras afundaram na neve fofa e o assustaram.

Suddenly, his front legs sank into soft snow and startled him.

Algo se contorceu sob seus pés e ele pulou para trás, assustado.

Something wriggled under his feet, and he jumped back in fear.

Ele rosnou e rosnou, sem saber o que havia sob a neve.

He growled and snarled, not knowing what lay beneath the snow.

Então ele ouviu um latido amigável que aliviou seu medo.

Then he heard a friendly little bark that eased his fear.

Ele cheirou o ar e se aproximou para ver o que estava escondido.

He sniffed the air and came closer to see what was hidden.

Debaixo da neve, enrolada como uma bola quente, estava a pequena Billee.

Under the snow, curled into a warm ball, was little Billee.

Billee abanou o rabo e lambeu o rosto de Buck para cumprimentá-lo.

Billee wagged his tail and licked Buck's face to greet him.

Buck viu como Billee havia feito um lugar para dormir na neve.

Buck saw how Billee had made a sleeping place in the snow.

Ele cavou e usou seu próprio calor para se manter aquecido.

He had dug down and used his own heat to stay warm.

Buck aprendeu outra lição: era assim que os cães dormiam.

Buck had learned another lesson—this was how the dogs slept.

Ele escolheu um local e começou a cavar seu próprio buraco na neve.

He picked a spot and started digging his own hole in the snow.

No começo, ele se movimentava muito e desperdiçava energia.

At first, he moved around too much and wasted energy.

Mas logo seu corpo aqueceu o espaço e ele se sentiu seguro.

But soon his body warmed the space, and he felt safe.

Ele se enrolou fortemente e em pouco tempo estava dormindo profundamente.

He curled up tightly, and before long he was fast asleep.

O dia tinha sido longo e difícil, e Buck estava exausto.

The day had been long and hard, and Buck was exhausted.

Ele dormia profundamente e confortavelmente, embora seus sonhos fossem selvagens.

He slept deeply and comfortably, though his dreams were wild.

Ele rosnou e latiu enquanto dormia, se contorcendo enquanto sonhava.

He growled and barked in his sleep, twisting as he dreamed.

Buck só acordou quando o acampamento já estava ganhando vida.

Buck didn't wake up until the camp was already coming to life.

No início, ele não sabia onde estava ou o que tinha
acontecido.
At first, he didn't know where he was or what had happened.
A neve caiu durante a noite e enterrou completamente seu
corpo.
Snow had fallen overnight and completely buried his body.
A neve o comprimia por todos os lados.
The snow pressed in around him, tight on all sides.
De repente, uma onda de medo percorreu todo o corpo de
Buck.
Suddenly a wave of fear rushed through Buck's entire body.
Era o medo de ficar preso, um medo de instintos profundos.
It was the fear of being trapped, a fear from deep instincts.
Embora nunca tivesse visto uma armadilha, o medo vivia
dentro dele.
Though he had never seen a trap, the fear lived inside him.
Ele era um cão domesticado, mas agora seus velhos instintos
selvagens estavam despertando.
He was a tame dog, but now his old wild instincts were
waking.
Os músculos de Buck ficaram tensos e os pelos de suas
costas ficaram eriçados.
Buck's muscles tensed, and his fur stood up all over his back.
Ele rosnou ferozmente e saltou direto da neve.
He snarled fiercely and sprang straight up through the snow.
A neve voava em todas as direções quando ele irrompeu na
luz do dia.
Snow flew in every direction as he burst into the daylight.
Antes mesmo de pousar, Buck viu o acampamento se
espalhando diante dele.
Even before landing, Buck saw the camp spread out before
him.
Ele se lembrou de tudo do dia anterior, de uma só vez.
He remembered everything from the day before, all at once.
Ele se lembra de ter passeado com Manuel e ter chegado a
esse lugar.

He remembered strolling with Manuel and ending up in this place.

Ele se lembrou de cavar o buraco e adormecer no frio.

He remembered digging the hole and falling asleep in the cold.

Agora ele estava acordado, e o mundo selvagem ao seu redor estava claro.

Now he was awake, and the wild world around him was clear.

Um grito de François saudou a aparição repentina de Buck.

A shout from François hailed Buck's sudden appearance.

"O que eu disse?" gritou alto o condutor do cão para Perrault.

"What did I say?" the dog-driver cried loudly to Perrault.

"Aquele Buck com certeza aprende rápido", acrescentou François.

"That Buck for sure learns quick as anything," François added.

Perrault assentiu gravemente, claramente satisfeito com o resultado.

Perrault nodded gravely, clearly pleased with the result.

Como mensageiro do governo canadense, ele transportava despachos.

As a courier for the Canadian Government, he carried dispatches.

Ele estava ansioso para encontrar os melhores cães para sua importante missão.

He was eager to find the best dogs for his important mission.

Ele se sentia especialmente satisfeito agora que Buck fazia parte da equipe.

He felt especially pleased now that Buck was part of the team.

Mais três huskies foram adicionados à equipe em uma hora.

Three more huskies were added to the team within an hour.

Isso elevou o número total de cães na equipe para nove.

That brought the total number of dogs on the team to nine.

Em quinze minutos todos os cães estavam com seus arreios.

Within fifteen minutes all the dogs were in their harnesses.

A equipe de trenó subia a trilha em direção ao Cañon Dyea.

The sled team was swinging up the trail toward Dyea Cañon.

Buck estava feliz por partir, mesmo que o trabalho pela frente fosse difícil.

Buck felt glad to be leaving, even if the work ahead was hard.

Ele descobriu que não desprezava particularmente o trabalho ou o frio.

He found he did not particularly despise the labor or the cold.

Ele ficou surpreso com a empolgação que tomou conta de toda a equipe.

He was surprised by the eagerness that filled the whole team.

Ainda mais surpreendente foi a mudança que ocorreu em Dave e Solleks.

Even more surprising was the change that had come over Dave and Solleks.

Esses dois cães eram completamente diferentes quando estavam atrelados.

These two dogs were entirely different when they were harnessed.

Sua passividade e falta de preocupação haviam desaparecido completamente.

Their passiveness and lack of concern had completely disappeared.

Eles estavam alertas e ativos, e ansiosos para fazer bem o seu trabalho.

They were alert and active, and eager to do their work well.

Eles ficavam extremamente irritados com qualquer coisa que causasse atraso ou confusão.

They grew fiercely irritated at anything that caused delay or confusion.

O trabalho duro nas rédeas era o centro de todo o seu ser.

The hard work on the reins was the center of their entire being.

Puxar trenós parecia ser a única coisa que eles realmente gostavam.

Sled pulling seemed to be the only thing they truly enjoyed.

Dave estava no fundo do grupo, mais próximo do trenó.

Dave was at the back of the group, closest to the sled itself.

Buck foi colocado na frente de Dave, e Solleks saiu na frente de Buck.

Buck was placed in front of Dave, and Solleks pulled ahead of Buck.

O resto dos cães estava disposto à frente em uma única fila.

The rest of the dogs were strung out ahead in a single file.

A posição de liderança na frente foi ocupada por Spitz.

The lead position at the front was filled by Spitz.

Buck foi colocado entre Dave e Solleks para receber instruções.

Buck had been placed between Dave and Solleks for instruction.

Ele aprendia rápido, e eles eram professores firmes e capazes.

He was a quick learner, and they were firm and capable teachers.

Eles nunca permitiram que Buck permanecesse no erro por muito tempo.

They never allowed Buck to remain in error for long.

Eles ensinavam suas lições com dentes afiados quando necessário.

They taught their lessons with sharp teeth when needed.

Dave era justo e demonstrava um tipo de sabedoria séria e tranquila.

Dave was fair and showed a quiet, serious kind of wisdom.

Ele nunca mordeu Buck sem um bom motivo para isso.

He never bit Buck without a good reason to do so.

Mas ele nunca deixou de morder quando Buck precisava de correção.

But he never failed to bite when Buck needed correction.

O chicote de François estava sempre pronto e reforçava sua autoridade.

François's whip was always ready and backed up their authority.

Buck logo descobriu que era melhor obedecer do que revidar.

Buck soon found it was better to obey than to fight back.

Certa vez, durante um breve descanso, Buck se enroscou nas rédeas.

Once, during a short rest, Buck got tangled in the reins.

Ele atrasou a largada e atrapalhou o movimento do time.

He delayed the start and confused the team's movement.

Dave e Solleks voaram em sua direção e lhe deram uma surra violenta.

Dave and Solleks flew at him and gave him a rough beating.

A confusão só piorou, mas Buck aprendeu bem a lição.

The tangle only got worse, but Buck learned his lesson well.

A partir daí, ele manteve as rédeas esticadas e trabalhou com cuidado.

From then on, he kept the reins taut, and worked carefully.

Antes do dia terminar, Buck já havia dominado grande parte de sua tarefa.

Before the day ended, Buck had mastered much of his task.

Seus companheiros de equipe quase pararam de corrigi-lo ou mordê-lo.

His teammates almost stopped correcting or biting him.

O chicote de François estalava no ar cada vez menos.

François's whip cracked through the air less and less often.

Perrault até levantou os pés de Buck e examinou cuidadosamente cada pata.

Perrault even lifted Buck's feet and carefully examined each paw.

Foi um dia de corrida difícil, longo e exaustivo para todos eles.

It had been a hard day's run, long and exhausting for them all.

Eles viajaram pelo Cañon, passaram pelo Sheep Camp e passaram pelas Scales.

They travelled up the Cañon, through Sheep Camp, and past the Scales.

Eles cruzaram a linha de madeira, depois geleiras e montes de neve com muitos metros de profundidade.

They crossed the timber line, then glaciers and snowdrifts many feet deep.

Eles escalaram a grande e fria Chilkoot Divide.

They climbed the great cold and forbidding Chilkoot Divide.
Aquela alta crista ficava entre a água salgada e o interior congelado.
That high ridge stood between salt water and the frozen interior.
As montanhas guardavam o triste e solitário Norte com gelo e subidas íngremes.
The mountains guarded the sad and lonely North with ice and steep climbs.
Eles percorreram em bom tempo uma longa cadeia de lagos abaixo da divisão.
They made good time down a long chain of lakes below the divide.
Esses lagos preenchiam as antigas crateras de vulcões extintos.
Those lakes filled the ancient craters of extinct volcanoes.
Mais tarde naquela noite, eles chegaram a um grande acampamento no Lago Bennett.
Late that night, they reached a large camp at Lake Bennett.
Milhares de garimpeiros estavam lá, construindo barcos para a primavera.
Thousands of gold seekers were there, building boats for spring.
O gelo iria quebrar em breve e eles tinham que estar preparados.
The ice was going break up soon, and they had to be ready.
Buck cavou seu buraco na neve e caiu em um sono profundo.
Buck dug his hole in the snow and fell into a deep sleep.
Ele dormia como um trabalhador, exausto do duro dia de trabalho.
He slept like a working man, exhausted from the harsh day of toil.
Mas muito cedo na escuridão, ele foi arrancado do sono.
But too early in the darkness, he was dragged from sleep.
Ele foi atrelado novamente aos seus companheiros e preso ao trenó.

He was harnessed with his mates again and attached to the sled.

Naquele dia eles percorreram sessenta quilômetros, pois a neve estava bem batida.

That day they made forty miles, because the snow was well trodden.

No dia seguinte, e por muitos dias depois, a neve estava macia.

The next day, and for many days after, the snow was soft.

Eles tiveram que abrir o caminho sozinhos, trabalhando mais e indo mais devagar.

They had to make the path themselves, working harder and moving slower.

Normalmente, Perrault caminhava à frente da equipe com raquetes de neve com membranas.

Usually, Perrault walked ahead of the team with webbed snowshoes.

Seus passos compactavam a neve, facilitando a movimentação do trenó.

His steps packed the snow, making it easier for the sled to move.

François, que comandava do outro lado do campo, às vezes assumia o comando.

François, who steered from the gee-pole, sometimes took over.

Mas era raro que François assumisse a liderança

But it was rare that François took the lead

porque Perrault estava com pressa para entregar as cartas e encomendas.

because Perrault was in a rush to deliver the letters and parcels.

Perrault tinha orgulho de seu conhecimento sobre neve, especialmente gelo.

Perrault was proud of his knowledge of snow, and especially ice.

Esse conhecimento era essencial, porque o gelo do outono era perigosamente fino.

That knowledge was essential, because fall ice was dangerously thin.

Onde a água fluía rapidamente abaixo da superfície, não havia gelo algum.

Where water flowed fast beneath the surface, there was no ice at all.

Dia após dia, a mesma rotina se repetia sem fim.

Day after day, the same routine repeated without end.

Buck trabalhou incansavelmente nas rédeas, do amanhecer até a noite.

Buck toiled endlessly in the reins from dawn until night.

Eles deixaram o acampamento no escuro, muito antes do sol nascer.

They left camp in the dark, long before the sun had risen.

Quando o dia amanheceu, muitos quilômetros já haviam sido percorridos.

By the time daylight came, many miles were already behind them.

Eles montaram acampamento depois de escurecer, comendo peixe e cavando na neve.

They pitched camp after dark, eating fish and burrowing into snow.

Buck estava sempre com fome e nunca ficava realmente satisfeito com sua ração.

Buck was always hungry and never truly satisfied with his ration.

Ele recebia meio quilo de salmão seco por dia.

He received a pound and a half of dried salmon each day.

Mas a comida parecia desaparecer dentro dele, deixando a fome para trás.

But the food seemed to vanish inside him, leaving hunger behind.

Ele sofria constantes pontadas de fome e sonhava com mais comida.

He suffered from constant pangs of hunger, and dreamed of more food.

Os outros cães ganharam apenas meio quilo, mas permaneceram fortes.
The other dogs got only one pound of food, but they stayed strong.
Eles eram menores e tinham nascido na vida do norte.
They were smaller, and had been born into the northern life.
Ele rapidamente perdeu a meticulosidade que marcava sua antiga vida.
He swiftly lost the fastidiousness which had marked his old life.
Ele era um comilão delicado, mas agora isso não era mais possível.
He had been a dainty eater, but now that was no longer possible.
Seus companheiros terminaram primeiro e roubaram sua ração inacabada.
His mates finished first and robbed him of his unfinished ration.
Depois que eles começaram, não havia mais como defender sua comida deles.
Once they began there was no way to defend his food from them.
Enquanto ele lutava contra dois ou três cães, os outros roubaram o resto.
While he fought off two or three dogs, the others stole the rest.
Para consertar isso, ele começou a comer tão rápido quanto os outros comiam.
To fix this, he began eating as fast as the others ate.
A fome o pressionava tanto que ele chegou a aceitar comida que não era sua.
Hunger pushed him so hard that he even took food not his own.
Ele observou os outros e aprendeu rapidamente com suas ações.
He watched the others and learned quickly from their actions.
Ele viu Pike, um cachorro novo, roubar uma fatia de bacon de Perrault.

He saw Pike, a new dog, steal a slice of bacon from Perrault.

Pike esperou até que Perrault virasse as costas para roubar o bacon.

Pike had waited until Perrault's back was turned to steal the bacon.

No dia seguinte, Buck copiou Pike e roubou o pedaço inteiro.

The next day, Buck copied Pike and stole the whole chunk.

Seguiu-se um grande alvoroço, mas Buck não foi suspeito.

A great uproar followed, but Buck was not suspected.

Dub, um cão desajeitado que sempre era pego, foi punido.

Dub, a clumsy dog who always got caught, was punished instead.

Aquele primeiro roubo marcou Buck como um cão apto a sobreviver no Norte.

That first theft marked Buck as a dog fit to survive the North.

Ele mostrou que conseguia se adaptar a novas condições e aprender rapidamente.

He showed he could adapt to new conditions and learn quickly.

Sem essa adaptabilidade, ele teria morrido rápida e gravemente.

Without such adaptability, he would have died swiftly and badly.

Também marcou o colapso de sua natureza moral e valores passados.

It also marked the breakdown of his moral nature and past values.

Em Southland, ele viveu sob a lei do amor e da bondade.

In the Southland, he had lived under the law of love and kindness.

Ali fazia sentido respeitar a propriedade e os sentimentos dos outros cães.

There it made sense to respect property and other dogs' feelings.

Mas a Terra do Norte seguiu a lei do porrete e a lei das presas.

But the Northland followed the law of club and the law of fang.

Quem respeitasse os valores antigos aqui seria tolo e fracassaria.

Whoever respected old values here was foolish and would fail.

Buck não pensou em tudo isso.

Buck did not reason all this out in his mind.

Ele estava em forma e, por isso, se adaptou sem precisar pensar.

He was fit, and so he adjusted without needing to think.

Durante toda a sua vida, ele nunca fugiu de uma briga.

All his life, he had never run away from a fight.

Mas o porrete de madeira do homem do suéter vermelho mudou essa regra.

But the wooden club of the man in the red sweater changed that rule.

Agora ele seguia um código mais antigo e profundo escrito em seu ser.

Now he followed a deeper, older code written into his being.

Ele não roubava por prazer, mas pela dor da fome.

He did not steal out of pleasure, but from the pain of hunger.

Ele nunca roubou abertamente, mas roubou com astúcia e cuidado.

He never robbed openly, but stole with cunning and care.

Ele agiu por respeito ao porrete de madeira e medo da presa.

He acted out of respect for the wooden club and fear of the fang.

Resumindo, ele fez o que era mais fácil e seguro do que não fazer.

In short, he did what was easier and safer than not doing it.

Seu desenvolvimento — ou talvez seu retorno aos velhos instintos — foi rápido.

His development—or perhaps his return to old instincts—was fast.

Seus músculos endureceram até parecerem fortes como ferro.

His muscles hardened until they felt as strong as iron.

Ele não se importava mais com a dor, a menos que fosse séria.

He no longer cared about pain, unless it was serious.

Ele se tornou eficiente por dentro e por fora, sem desperdiçar nada.

He became efficient inside and out, wasting nothing at all.

Ele podia comer coisas horríveis, podres ou difíceis de digerir.

He could eat things that were vile, rotten, or hard to digest.

Não importa o que ele comesse, seu estômago usava até a última gota de valor.

Whatever he ate, his stomach used every last bit of value.

Seu sangue transportava os nutrientes por todo seu corpo poderoso.

His blood carried the nutrients far through his powerful body.

Isso construiu tecidos fortes que lhe deram uma resistência incrível.

This built strong tissues that gave him incredible endurance.

Sua visão e olfato ficaram muito mais sensíveis do que antes.

His sight and smell became much more sensitive than before.

Sua audição ficou tão aguçada que ele conseguia detectar sons fracos durante o sono.

His hearing grew so sharp he could detect faint sounds in sleep.

Ele sabia em seus sonhos se os sons significavam segurança ou perigo.

He knew in his dreams whether the sounds meant safety or danger.

Ele aprendeu a morder o gelo entre os dedos dos pés com os dentes.

He learned to bite the ice between his toes with his teeth.

Se um poço de água congelasse, ele quebrava o gelo com as pernas.

If a water hole froze over, he would break the ice with his legs.

Ele se levantou e bateu com força no gelo com as patas dianteiras rígidas.

He reared up and struck the ice hard with stiff front limbs.

Sua habilidade mais impressionante era prever mudanças de vento durante a noite.

His most striking ability was predicting wind changes overnight.

Mesmo quando o ar estava parado, ele escolhia lugares protegidos do vento.

Even when the air was still, he chose spots sheltered from wind.

Onde quer que ele cavasse seu ninho, o vento do dia seguinte o ultrapassava.

Wherever he dug his nest, the next day's wind passed him by.

Ele sempre acabava aconchegado e protegido, a sotavento da brisa.

He always ended up snug and protected, to leeward of the breeze.

Buck não só aprendeu com a experiência — seus instintos também retornaram.

Buck not only learned by experience—his instincts returned too.

Os hábitos das gerações domesticadas começaram a desaparecer.

The habits of domesticated generations began to fall away.

De forma vaga, ele se lembrava dos tempos antigos de sua raça.

In vague ways, he remembered the ancient times of his breed.

Ele se lembrou de quando os cães selvagens corriam em matilhas pelas florestas.

He thought back to when wild dogs ran in packs through forests.

Eles perseguiram e mataram suas presas enquanto as perseguiam.

They had chased and killed their prey while running it down.

Foi fácil para Buck aprender a lutar com força e velocidade.

It was easy for Buck to learn how to fight with tooth and speed.

Ele usava cortes, golpes e estalos rápidos, assim como seus ancestrais.

He used cuts, slashes, and quick snaps just like his ancestors.

Esses ancestrais se agitaram dentro dele e despertaram sua natureza selvagem.

Those ancestors stirred within him and awoke his wild nature.

Suas antigas habilidades foram passadas para ele através da linhagem.

Their old skills had passed into him through the bloodline.

Os truques agora eram dele, sem necessidade de prática ou esforço.

Their tricks were his now, with no need for practice or effort.

Nas noites calmas e frias, Buck levantava o nariz e uivava.

On still, cold nights, Buck lifted his nose and howled.

Ele uivou longa e profundamente, como os lobos faziam há muito tempo.

He howled long and deep, the way wolves had done long ago.

Através dele, seus ancestrais mortos apontavam seus narizes e uivavam.

Through him, his dead ancestors pointed their noses and howled.

Eles uivaram através dos séculos em sua voz e forma.

They howled down through the centuries in his voice and shape.

Suas cadências eram as deles, velhos gritos que falavam de tristeza e frio.

His cadences were theirs, old cries that told of grief and cold.

Eles cantavam sobre escuridão, fome e o significado do inverno.

They sang of darkness, of hunger, and the meaning of winter.

Buck provou como a vida é moldada por forças além de si mesmo,

Buck proved of how life is shaped by forces beyond oneself,

a antiga canção surgiu através de Buck e tomou conta de sua alma.

the ancient song rose through Buck and took hold of his soul.

Ele se encontrou porque os homens encontraram ouro no Norte.

He found himself because men had found gold in the North.

E ele se viu porque Manuel, o ajudante do jardineiro, precisava de dinheiro.

And he found himself because Manuel, the gardener's helper, needed money.

A Besta Primordial Dominante
The Dominant Primordial Beast

A besta primordial dominante estava tão forte quanto sempre em Buck.
The dominant primordial beast was as strong as ever in Buck.
Mas a besta primordial dominante estava adormecida dentro dele.
But the dominant primordial beast had lain dormant in him.
A vida na trilha foi dura, mas fortaleceu o animal dentro de Buck.
Trail life was harsh, but it strengthened beast inside Buck.
Secretamente, a fera ficava mais forte a cada dia.
Secretly the beast grew stronger and stronger every day.
Mas esse crescimento interior permaneceu oculto para o mundo exterior.
But that inner growth stayed hidden to the outside world.
Uma força primordial silenciosa e calma estava se formando dentro de Buck.
A quiet and calm primordial force was building inside Buck.
Uma nova astúcia deu a Buck equilíbrio, calma, controle e postura.
New cunning gave Buck balance, calm control, and poise.
Buck se concentrou muito em se adaptar, sem nunca se sentir totalmente relaxado.
Buck focused hard on adapting, never feeling fully relaxed.
Ele evitava conflitos, nunca iniciava brigas nem procurava problemas.
He avoided conflict, never starting fights, nor seeking trouble.
Uma reflexão lenta e constante moldava cada movimento de Buck.
A slow, steady thoughtfulness shaped Buck's every move.
Ele evitou escolhas precipitadas e decisões repentinas e imprudentes.
He avoided rash choices and sudden, reckless decisions.
Embora Buck odiasse Spitz profundamente, ele não demonstrou nenhuma agressividade.

Though Buck hated Spitz deeply, he showed him no aggression.

Buck nunca provocou Spitz e manteve suas ações contidas.

Buck never provoked Spitz, and kept his actions restrained.

Spitz, por outro lado, percebeu o perigo crescente em Buck.

Spitz, on the other hand, sensed the growing danger in Buck.

Ele via Buck como uma ameaça e um sério desafio ao seu poder.

He saw Buck as a threat and a serious challenge to his power.

Ele aproveitou todas as oportunidades para rosnar e mostrar seus dentes afiados.

He used every chance to snarl and show his sharp teeth.

Ele estava tentando começar a luta mortal que estava por vir.

He was trying to start the deadly fight that had to come.

No início da viagem, quase houve uma briga entre eles.

Early in the trip, a fight nearly broke out between them.

Mas um acidente inesperado impediu que a luta acontecesse.

But an unexpected accident stopped the fight from happening.

Naquela noite, eles montaram acampamento no frio congelante Lago Le Barge.

That evening they set up camp on the bitterly cold Lake Le Barge.

A neve caía forte e o vento cortava como uma faca.

The snow was falling hard, and the wind cut like a knife.

A noite chegou rápido demais e a escuridão os cercava.

The night had come too fast, and darkness surrounded them.

Eles dificilmente poderiam ter escolhido um lugar pior para descansar.

They could hardly have chosen a worse place for rest.

Os cães procuravam desesperadamente um lugar para se deitar.

The dogs searched desperately for a place to lie down.

Uma alta parede de pedra erguia-se abruptamente atrás do pequeno grupo.

A tall rock wall rose steeply behind the small group.

A tenda foi deixada em Dyea para aliviar a carga.

The tent had been left behind in Dyea to lighten the load.

Eles não tiveram escolha a não ser fazer o fogo no próprio gelo.

They had no choice but to make the fire on the ice itself.

Eles estenderam seus robes de dormir diretamente sobre o lago congelado.

They spread their sleeping robes directly on the frozen lake.

Alguns pedaços de madeira flutuante lhes deram um pouco de fogo.

A few sticks of driftwood gave them a little bit of fire.

Mas o fogo foi construído no gelo e descongelado através dele.

But the fire was built on the ice, and thawed through it.

Por fim, eles estavam comendo o jantar no escuro.

Eventually they were eating their supper in darkness.

Buck se aninhou ao lado da rocha, protegido do vento frio.

Buck curled up beside the rock, sheltered from the cold wind.

O lugar era tão quente e seguro que Buck odiava ter que se mudar.

The spot was so warm and safe that Buck hated to move away.

Mas François havia aquecido o peixe e estava distribuindo rações.

But François had warmed the fish and was handing out rations.

Buck terminou de comer rapidamente e voltou para sua cama.

Buck finished eating quickly, and returned to his bed.

Mas Spitz agora estava deitado onde Buck havia feito sua cama.

But Spitz was now laying where Buck had made his bed.

Um rosnado baixo avisou Buck que Spitz se recusava a se mover.

A low snarl warned Buck that Spitz refused to move.

Até agora, Buck havia evitado essa luta com Spitz.

Until now, Buck had avoided this fight with Spitz.

Mas bem no fundo, Buck, a fera finalmente se libertou.

But deep inside Buck the beast finally broke loose.

O roubo do seu lugar de dormir era demais para tolerar.

The theft of his sleeping place was too much to tolerate.

Buck se lançou contra Spitz, cheio de raiva e fúria.

Buck launched himself at Spitz, full of anger and rage.

Até então Spitz pensava que Buck era apenas um cachorro grande.

Up until not Spitz had thought Buck was just a big dog.

Ele não achava que Buck tivesse sobrevivido por meio de seu espírito.

He didn't think Buck had survived through his spirit.

Ele esperava medo e covardia, não fúria e vingança.

He was expecting fear and cowardice, not fury and revenge.

François ficou olhando enquanto os dois cães saíam do ninho destruído.

François stared as both dogs burst from the ruined nest.

Ele entendeu imediatamente o que havia iniciado aquela luta selvagem.

He understood at once what had started the wild struggle.

"Aa-ah!" François gritou em apoio ao cão marrom.

"A-a-ah!" François cried out in support of the brown dog.

"Dê uma surra nele! Por Deus, castigue esse ladrãozinho!"

"Give him a beating! By God, punish that sneaky thief!"

Spitz demonstrou igual prontidão e grande entusiasmo para lutar.

Spitz showed equal readiness and wild eagerness to fight.

Ele gritou de raiva enquanto circulava rapidamente, procurando uma abertura.

He cried out in rage while circling fast, seeking an opening.

Buck demonstrou a mesma fome de luta e a mesma cautela.

Buck showed the same hunger to fight, and the same caution.

Ele também circulou seu oponente, tentando ganhar vantagem na batalha.

He circled his opponent as well, trying to gain the upper hand in battle.

Então algo inesperado aconteceu e mudou tudo.

Then something unexpected happened and changed everything.

Aquele momento atrasou a eventual luta pela liderança.

That moment delayed the eventual fight for the leadership.
Ainda havia muitos quilômetros de trilha e luta pela frente antes do fim.
Many miles of trail and struggle still waited before the end.
Perrault gritou um palavrão quando um porrete bateu contra o osso.
Perrault shouted an oath as a club smacked against bone.
Seguiu-se um grito agudo de dor, e então o caos explodiu por todo lado.
A sharp yelp of pain followed, then chaos exploded all around.
Formas escuras se moviam no acampamento; huskies selvagens, famintos e ferozes.
Dark shapes moved in camp; wild huskies, starved and fierce.
Quatro ou cinco dúzias de huskies farejaram o acampamento de longe.
Four or five dozen huskies had sniffed the camp from far away.
Eles entraram silenciosamente enquanto os dois cães brigavam nas proximidades.
They had crept in quietly while the two dogs fought nearby.
François e Perrault atacaram, brandindo cassetetes contra os invasores.
François and Perrault charged, swinging clubs at the invaders.
Os huskies famintos mostraram os dentes e lutaram freneticamente.
The starving huskies showed teeth and fought back in frenzy.
O cheiro de carne e pão os fez superar todo o medo.
The smell of meat and bread had driven them past all fear.
Perrault espancou um cachorro que havia enterrado a cabeça na caixa de larvas.
Perrault beat a dog that had buried its head in the grub-box.
O golpe foi forte, e a caixa virou, espalhando comida para fora.
The blow hit hard, and the box flipped, food spilling out.
Em segundos, vinte animais selvagens devoraram o pão e a carne.

In seconds, a score of wild beasts tore into the bread and meat.

Os porretes dos homens desferiram golpe após golpe, mas nenhum cão se esquivou.

The men's clubs landed blow after blow, but no dog turned away.

Eles uivaram de dor, mas lutaram até não restar mais comida.

They howled in pain, but fought until no food remained.

Enquanto isso, os cães de trenó saltaram de suas camas cobertas de neve.

Meanwhile, the sled-dogs had jumped from their snowy beds.

Eles foram imediatamente atacados pelos ferozes huskies famintos.

They were instantly attacked by the vicious hungry huskies.

Buck nunca tinha visto criaturas tão selvagens e famintas antes.

Buck had never seen such wild and starved creatures before.

A pele deles estava solta, mal escondendo seus esqueletos.

Their skin hung loose, barely hiding their skeletons.

Havia um fogo em seus olhos, de fome e loucura

There was a fire in their eyes, from hunger and madness

Não havia como detê-los; não havia como resistir ao seu avanço selvagem.

There was no stopping them; no resisting their savage rush.

Os cães de trenó foram empurrados para trás, pressionados contra a parede do penhasco.

The sled-dogs were shoved back, pressed against the cliff wall.

Três huskies atacaram Buck ao mesmo tempo, rasgando sua carne.

Three huskies attacked Buck at once, tearing into his flesh.

Sangue escorria de sua cabeça e ombros, onde ele havia sido cortado.

Blood poured from his head and shoulders, where he'd been cut.

O barulho encheu o acampamento; rosnados, gritos e berros de dor.

The noise filled the camp; growling, yelps, and cries of pain.

Billee chorou alto, como sempre, presa na confusão e no pânico.

Billee cried loudly, as usual, caught in the fray and panic.

Dave e Solleks ficaram lado a lado, sangrando, mas desafiadores.

Dave and Solleks stood side by side, bleeding but defiant.

Joe lutava como um demônio, mordendo tudo que chegava perto.

Joe fought like a demon, biting anything that came close.

Ele esmagou a perna de um husky com um estalo brutal de suas mandíbulas.

He crushed a husky's leg with one brutal snap of his jaws.

Pike pulou no husky ferido e quebrou seu pescoço instantaneamente.

Pike jumped on the wounded husky and broke its neck instantly.

Buck agarrou um husky pelo pescoço e rasgou a veia.

Buck caught a husky by the throat and ripped through the vein.

O sangue jorrou, e o gosto quente deixou Buck frenético.

Blood sprayed, and the warm taste drove Buck into a frenzy.

Ele se lançou contra outro agressor sem hesitar.

He hurled himself at another attacker without hesitation.

No mesmo momento, dentes afiados cravaram-se na garganta de Buck.

At the same moment, sharp teeth dug into Buck's own throat.

Spitz atacou de lado, sem aviso.

Spitz had struck from the side, attacking without warning.

Perrault e François derrotaram os cães que roubavam a comida.

Perrault and François had defeated the dogs stealing the food.

Agora eles correram para ajudar seus cães a lutar contra os agressores.

Now they rushed to help their dogs fight back the attackers.

Os cães famintos recuaram enquanto os homens brandiam seus porretes.

The starving dogs retreated as the men swung their clubs.

Buck se libertou do ataque, mas a fuga foi breve.
Buck broke free from the attack, but the escape was brief.
Os homens correram para salvar seus cães, e os huskies atacaram novamente.
The men ran to save their dogs, and the huskies swarmed again.
Billee, assustado e corajoso, saltou para dentro da matilha de cães.
Billee, frightened into bravery, leapt into the pack of dogs.
Mas então ele fugiu pelo gelo, tomado pelo terror e pelo pânico.
But then he fled across the ice, in raw terror and panic.
Pike e Dub seguiram logo atrás, correndo para salvar suas vidas.
Pike and Dub followed close behind, running for their lives.
O resto da equipe se dispersou e seguiu atrás deles.
The rest of the team broke and scattered, following after them.
Buck reuniu forças para correr, mas então viu um clarão.
Buck gathered his strength to run, but then saw a flash.
Spitz investiu contra Buck, tentando derrubá-lo no chão.
Spitz lunged at Buck's side, trying to knock him to the ground.
Sob aquela multidão de huskies, Buck não teria escapatória.
Under that mob of huskies, Buck would have had no escape.
Mas Buck permaneceu firme e se preparou para o golpe de Spitz.
But Buck stood firm and braced for the blow from Spitz.
Então ele se virou e correu para o gelo com o time em fuga.
Then he turned and ran out onto the ice with the fleeing team.

Mais tarde, os nove cães de trenó se reuniram no abrigo da floresta.
Later, the nine sled-dogs gathered in the shelter of the woods.
Ninguém mais os perseguia, mas eles estavam machucados e feridos.
No one chased them anymore, but they were battered and wounded.

Cada cão tinha feridas; quatro ou cinco cortes profundos em cada corpo.

Each dog had wounds; four or five deep cuts on every body.

Dub machucou uma pata traseira e agora tem dificuldade para andar.

Dub had an injured hind leg and struggled to walk now.

Dolly, a cadela mais nova de Dyea, tinha a garganta cortada.

Dolly, the newest dog from Dyea, had a slashed throat.

Joe perdeu um olho e a orelha de Billee foi cortada em pedaços

Joe had lost an eye, and Billee's ear was cut to pieces

Todos os cães choraram de dor e derrota durante a noite.

All the dogs cried in pain and defeat through the night.

Ao amanhecer, eles retornaram ao acampamento, doloridos e machucados.

At dawn they crept back to camp, sore and broken.

Os huskies tinham desaparecido, mas o estrago já estava feito.

The huskies had vanished, but the damage had been done.

Perrault e François ficaram de mau humor diante das ruínas.

Perrault and François stood in foul moods over the ruin.

Metade da comida havia sumido, roubada pelos ladrões famintos.

Half of the food was gone, snatched by the hungry thieves.

Os huskies rasgaram as amarrações do trenó e a lona.

The huskies had torn through sled bindings and canvas.

Qualquer coisa com cheiro de comida foi devorada completamente.

Anything with a smell of food had been devoured completely.

Eles comeram um par de botas de viagem de couro de alce de Perrault.

They ate a pair of Perrault's moose-hide traveling boots.

Eles mastigavam correias de couro e estragavam tiras, deixando-as inutilizáveis.

They chewed leather reis and ruined straps beyond use.

François parou de olhar para o chicote rasgado para verificar os cães.

François stopped staring at the torn lash to check the dogs.

"Ah, meus amigos", disse ele, com a voz baixa e cheia de preocupação.

"Ah, my friends," he said, his voice low and filled with worry.

"Talvez todas essas mordidas transformem vocês em feras furiosas."

"Maybe all these bites will turn you into mad beasts."

"Talvez todos os cães loucos, sacana! O que você acha, Perrault?"

"Maybe all mad dogs, sacredam! What do you think, Perrault?"

Perrault balançou a cabeça, com os olhos escuros de preocupação e medo.

Perrault shook his head, eyes dark with concern and fear.

Ainda havia seiscentos quilômetros entre eles e Dawson.

Four hundred miles still lay between them and Dawson.

A loucura canina agora pode destruir qualquer chance de sobrevivência.

Dog madness now could destroy any chance of survival.

Eles passaram duas horas xingando e tentando consertar o equipamento.

They spent two hours swearing and trying to fix the gear.

A equipe ferida finalmente deixou o acampamento, destruída e derrotada.

The wounded team finally left the camp, broken and defeated.

Essa foi a trilha mais difícil até agora, e cada passo foi doloroso.

This was the hardest trail yet, and each step was painful.

O Rio Thirty Mile não havia congelado e estava correndo descontroladamente.

The Thirty Mile River had not frozen, and was rushing wildly.

Somente em locais calmos e redemoinhos o gelo conseguiu se manter.

Only in calm spots and swirling eddies did ice manage to hold.

Seis dias de trabalho duro se passaram até que os 48 quilômetros fossem percorridos.

Six days of hard labor passed until the thirty miles were done.

Cada quilômetro da trilha trazia perigo e ameaça de morte.

Each mile of the trail brought danger and the threat of death.

Os homens e os cães arriscavam suas vidas a cada passo doloroso.

The men and dogs risked their lives with every painful step.

Perrault rompeu finas pontes de gelo uma dúzia de vezes diferentes.

Perrault broke through thin ice bridges a dozen different times.

Ele carregou uma vara e a deixou cair sobre o buraco que seu corpo fez.

He carried a pole and let it fall across the hole his body made.

Mais de uma vez aquele poste salvou Perrault de se afogar.

More than once did that pole save Perrault from drowning.

A onda de frio se manteve firme, o ar estava cinquenta graus abaixo de zero.

The cold snap held firm, the air was fifty degrees below zero.

Toda vez que caía, Perrault tinha que acender uma fogueira para sobreviver.

Every time he fell in, Perrault had to light a fire to survive.

Roupas molhadas congelavam rápido, então ele as secava perto do calor escaldante.

Wet clothing froze fast, so he dried them near blazing heat.

Nenhum medo jamais tocou Perrault, e isso fez dele um mensageiro.

No fear ever touched Perrault, and that made him a courier.

Ele foi escolhido para o perigo e o enfrentou com uma resolução silenciosa.

He was chosen for danger, and he met it with quiet resolve.

Ele seguiu em frente em direção ao vento, com o rosto enrugado e congelado.

He pressed forward into wind, his shriveled face frostbitten.

Do amanhecer ao anoitecer, Perrault os guiou adiante.

From faint dawn to nightfall, Perrault led them onward.

Ele andou sobre uma estreita camada de gelo que rachava a cada passo.

He walked on narrow rim ice that cracked with every step.

Eles não ousaram parar — cada pausa representava o risco de um colapso mortal.

They dared not stop—each pause risked a deadly collapse.

Uma vez o trenó atravessou, puxando Dave e Buck para dentro.

One time the sled broke through, pulling Dave and Buck in.

Quando foram libertados, ambos estavam quase congelados.

By the time they were dragged free, both were near frozen.

Os homens fizeram uma fogueira rapidamente para manter Buck e Dave vivos.

The men built a fire quickly to keep Buck and Dave alive.

Os cães estavam cobertos de gelo do focinho ao rabo, rígidos como madeira entalhada.

The dogs were coated in ice from nose to tail, stiff as carved wood.

Os homens os faziam correr em círculos perto do fogo para descongelar seus corpos.

The men ran them in circles near the fire to thaw their bodies.

Eles chegaram tão perto das chamas que seus pelos ficaram chamuscados.

They came so close to the flames that their fur was singed.

Spitz foi o próximo a romper o gelo, arrastando a equipe atrás dele.

Spitz broke through the ice next, dragging in the team behind him.

A ruptura chegou até onde Buck estava puxando.

The break reached all the way up to where Buck was pulling.

Buck se inclinou para trás com força, as patas escorregando e tremendo na borda.

Buck leaned back hard, paws slipping and trembling on the edge.

Dave também se esticou para trás, logo atrás de Buck na linha.

Dave also strained backward, just behind Buck on the line.

François puxou o trenó, seus músculos estalando com o esforço.

François hauled on the sled, his muscles cracking with effort.

Em outra ocasião, o gelo da borda rachou antes e atrás do trenó.

Another time, rim ice cracked before and behind the sled.

Eles não tinham outra saída a não ser escalar uma parede congelada do penhasco.

They had no way out except to climb a frozen cliff wall.

De alguma forma, Perrault escalou o muro; um milagre o manteve vivo.

Perrault somehow climbed the wall; a miracle kept him alive.

François ficou lá embaixo, rezando pelo mesmo tipo de sorte.

François stayed below, praying for the same kind of luck.

Eles amarraram cada tira, amarração e traço em uma corda longa.

They tied every strap, lashing, and trace into one long rope.

Os homens puxaram cada cachorro, um de cada vez, até o topo.

The men hauled each dog up, one at a time to the top.

François subiu por último, depois do trenó e de toda a carga.

François climbed last, after the sled and the entire load.

Então começou uma longa busca por um caminho descendo dos penhascos.

Then began a long search for a path down from the cliffs.

Eles finalmente desceram usando a mesma corda que tinham feito.

They finally descended using the same rope they had made.

A noite caiu quando eles retornaram ao leito do rio, exaustos e doloridos.

Night fell as they returned to the riverbed, exhausted and sore.

O dia inteiro lhes rendeu apenas um quarto de milha de ganho.

The full day had earned them only a quarter mile of gain.

Quando chegaram ao Hootalinqua, Buck estava exausto.

By the time they reached the Hootalinqua, Buck was worn out.

Os outros cães também sofreram muito com as condições da trilha.

The other dogs suffered just as badly from the trail conditions.

Mas Perrault precisava recuperar tempo e os pressionava a cada dia.

But Perrault needed to recover time, and pushed them on each day.

No primeiro dia, eles viajaram 48 quilômetros até Big Salmon.

The first day they traveled thirty miles to Big Salmon.

No dia seguinte, eles viajaram 56 quilômetros até Little Salmon.

The next day they travelled thirty-five miles to Little Salmon.

No terceiro dia, eles avançaram por 64 quilômetros congelados.

On the third day they pushed through forty long frozen miles.

Naquela altura, eles estavam se aproximando do assentamento de Five Fingers.

By then, they were nearing the settlement of Five Fingers.

Os pés de Buck eram mais macios que os pés duros dos huskies nativos.

Buck's feet were softer than the hard feet of native huskies.

Suas patas ficaram macias ao longo de muitas gerações civilizadas.

His paws had grown tender over many civilized generations.

Há muito tempo, seus ancestrais foram domesticados por homens do rio ou caçadores.

Long ago, his ancestors had been tamed by river men or hunters.

Todos os dias Buck mancava de dor, caminhando com as patas doloridas e em carne viva.

Every day Buck limped in pain, walking on raw, aching paws.

No acampamento, Buck caiu como uma forma sem vida na neve.

At camp, Buck dropped like a lifeless form upon the snow.

Embora faminto, Buck não se levantou para jantar.

Though starving, Buck did not rise to eat his evening meal.

François levou a ração para Buck, colocando peixes perto do seu focinho.

François brought Buck his ration, laying fish by his muzzle.

Todas as noites o motorista massageava os pés de Buck por meia hora.

Each night the driver rubbed Buck's feet for half an hour.

François até cortou seus próprios mocassins para fazer calçados para cães.

François even cut up his own moccasins to make dog footwear.

Quatro sapatos quentes deram a Buck um grande e bem-vindo alívio.

Four warm shoes gave Buck a great and welcome relief.

Certa manhã, François esqueceu os sapatos, e Buck se recusou a se levantar.

One morning, François forgot the shoes, and Buck refused to rise.

Buck estava deitado de costas, com os pés no ar, balançando-os lamentavelmente.

Buck lay on his back, feet in the air, waving them pitifully.

Até Perrault sorriu ao ver o apelo dramático de Buck.

Even Perrault grinned at the sight of Buck's dramatic plea.

Logo os pés de Buck ficaram duros e os sapatos puderam ser descartados.

Soon Buck's feet grew hard, and the shoes could be discarded.

Em Pelly, na hora de usar os arreios, Dolly soltou um uivo terrível.

At Pelly, during harness time, Dolly let out a dreadful howl.

O grito era longo e cheio de loucura, fazendo todos os cães tremerem.

The cry was long and filled with madness, shaking every dog.

Cada cão se arrepiou de medo sem saber o motivo.

Each dog bristled in fear without knowing the reason.

Dolly enlouqueceu e se jogou direto em Buck.

Dolly had gone mad and hurled herself straight at Buck.

Buck nunca tinha visto loucura, mas o horror enchia seu coração.

Buck had never seen madness, but horror filled his heart.

Sem pensar, ele se virou e fugiu em pânico absoluto.

With no thought, he turned and fled in absolute panic.

Dolly o perseguiu, com os olhos arregalados e a saliva voando de sua mandíbula.

Dolly chased him, her eyes wild, saliva flying from her jaws.

Ela continuou logo atrás de Buck, sem nunca ganhar terreno e sem nunca recuar.

She kept right behind Buck, never gaining and never falling back.

Buck correu pela floresta, pela ilha, atravessando gelo irregular.

Buck ran through woods, down the island, across jagged ice.

Ele cruzou até uma ilha, depois outra, e voltou para o rio.

He crossed to an island, then another, circling back to the river.

Dolly ainda o perseguia, rosnando logo atrás a cada passo.

Still Dolly chased him, her growl close behind at every step.

Buck podia ouvir sua respiração e raiva, embora não ousasse olhar para trás.

Buck could hear her breath and rage, though he dared not look back.

François gritou de longe, e Buck se virou na direção da voz.

François shouted from afar, and Buck turned toward the voice.

Ainda ofegante, Buck passou correndo, depositando toda a esperança em François.

Still gasping for air, Buck ran past, placing all hope in François.

O condutor do cão ergueu um machado e esperou enquanto Buck passava voando.

The dog-driver raised an axe and waited as Buck flew past.

O machado desceu rapidamente e atingiu a cabeça de Dolly com força mortal.

The axe came down fast and struck Dolly's head with deadly force.

Buck caiu perto do trenó, ofegante e incapaz de se mover.

Buck collapsed near the sled, wheezing and unable to move.

Aquele momento deu a Spitz a chance de atacar um inimigo exausto.

That moment gave Spitz his chance to strike an exhausted foe.

Ele mordeu Buck duas vezes, rasgando a carne até o osso branco.

Twice he bit Buck, ripping flesh down to the white bone.

O chicote de François estalou, atingindo Spitz com força total e furiosa.

François's whip cracked, striking Spitz with full, furious force.

Buck observou com alegria Spitz receber sua surra mais dura até então.

Buck watched with joy as Spitz received his harshest beating yet.

"Aquele Spitz é um demônio", murmurou Perrault sombriamente para si mesmo.

"He's a devil, that Spitz," Perrault muttered darkly to himself.

"Em breve, aquele cão amaldiçoado matará Buck, eu juro."

"Someday soon, that cursed dog will kill Buck—I swear it."

"Aquele Buck tem dois demônios dentro dele", respondeu François com um aceno de cabeça.

"That Buck has two devils in him," François replied with a nod.

"Quando observo Buck, sei que algo feroz o aguarda."

"When I watch Buck, I know something fierce waits in him."

"Um dia, ele ficará furioso e destruirá o Spitz."

"One day, he'll get mad as fire and tear Spitz to pieces."

"Ele vai mastigar aquele cachorro e cuspi-lo na neve congelada."

"He'll chew that dog up and spit him on the frozen snow."

"Com certeza, eu sei disso no fundo da minha alma."

"Sure as anything, I know this deep in my bones."

Daquele momento em diante, os dois cães estavam em guerra.

From that moment forward, the two dogs were locked in war.

Spitz liderou a equipe e deteve o poder, mas Buck desafiou isso.

Spitz led the team and held power, but Buck challenged that.

Spitz viu sua posição ameaçada por esse estranho estranho de Southland.

Spitz saw his rank threatened by this odd Southland stranger.

Buck era diferente de qualquer cão sulista que Spitz já tivesse conhecido.

Buck was unlike any southern dog Spitz had known before.

A maioria deles falhou — estavam fracos demais para sobreviver ao frio e à fome.

Most of them failed—too weak to live through cold and hunger.

Eles morreram rapidamente devido ao trabalho, à geada e à lenta queima da fome.

They died fast under labor, frost, and the slow burn of famine.

Buck se destacou — a cada dia mais forte, mais inteligente e mais selvagem.

Buck stood apart—stronger, smarter, and more savage each day.

Ele prosperou nas dificuldades e cresceu para se igualar aos huskies do norte.

He thrived on hardship, growing to match the northern huskies.

Buck tinha força, habilidade selvagem e um instinto paciente e mortal.

Buck had strength, wild skill, and a patient, deadly instinct.

O homem com o porrete havia espancado Buck até que ele perdesse a precipitação.

The man with the club had beaten rashness out of Buck.

A fúria cega desapareceu, substituída por astúcia silenciosa e controle.

Blind fury was gone, replaced by quiet cunning and control.

Ele esperou, calmo e primitivo, observando o momento certo.

He waited, calm and primal, watching for the right moment.

A luta pelo comando tornou-se inevitável e clara.

Their fight for command became unavoidable and clear.

Buck desejava liderança porque seu espírito exigia isso.

Buck desired leadership because his spirit demanded it.

Ele era movido pelo estranho orgulho nascido da caça e dos arreios.

He was driven by the strange pride born of trail and harness.

Esse orgulho fez os cães puxarem até desabarem na neve.

That pride made dogs pull till they collapsed on the snow.

O orgulho os levou a dar toda a força que tinham.

Pride lured them into giving all the strength they had.

O orgulho pode atrair um cão de trenó até mesmo à morte.

Pride can lure a sled-dog even to the point of death.

Perder o arreio deixou os cães quebrados e sem propósito.

Losing the harness left dogs broken and without purpose.

O coração de um cão de trenó pode ser esmagado pela vergonha quando ele se aposenta.

The heart of a sled-dog can be crushed by shame when they retire.

Dave viveu com esse orgulho enquanto arrastava o trenó por trás.

Dave lived by that pride as he dragged the sled from behind.

Solleks também deu tudo de si com força e lealdade.

Solleks, too, gave his all with grim strength and loyalty.

A cada manhã, o orgulho os transformava de amargos em determinados.

Each morning, pride turned them from bitter to determined.

Eles insistiram o dia todo e depois ficaram em silêncio no final do acampamento.

They pushed all day, then dropped silent at the camp's end.

Esse orgulho deu a Spitz a força para colocar os preguiçosos na linha.

That pride gave Spitz the strength to beat shirkers into line.

Spitz temia Buck porque ele carregava o mesmo orgulho profundo.

Spitz feared Buck because Buck carried that same deep pride.

O orgulho de Buck agora se voltou contra Spitz, e ele não parou.

Buck's pride now stirred against Spitz, and he did not stop.

Buck desafiou o poder de Spitz e o impediu de punir cães.

Buck defied Spitz's power and blocked him from punishing dogs.

Quando outros falharam, Buck se colocou entre eles e seu líder.

When others failed, Buck stepped between them and their leader.

Ele fez isso com intenção, deixando seu desafio aberto e claro.

He did this with intent, making his challenge open and clear.

Certa noite, uma forte neve cobriu o mundo em profundo silêncio.

On one night heavy snow blanketed the world in deep silence.

Na manhã seguinte, Pike, preguiçoso como sempre, não se levantou para trabalhar.

The next morning, Pike, lazy as ever, did not rise for work.

Ele ficou escondido em seu ninho, sob uma espessa camada de neve.

He stayed hidden in his nest beneath a thick layer of snow.

François gritou e procurou, mas não conseguiu encontrar o cachorro.

François called out and searched, but could not find the dog.

Spitz ficou furioso e invadiu o acampamento coberto de neve.

Spitz grew furious and stormed through the snow-covered camp.

Ele rosnou e cheirou, cavando loucamente com olhos brilhantes.

He growled and sniffed, digging madly with blazing eyes.

Sua raiva era tão intensa que Pike tremeu de medo sob a neve.

His rage was so fierce that Pike shook under the snow in fear.

Quando Pike foi finalmente encontrado, Spitz investiu para punir o cão escondido.

When Pike was finally found, Spitz lunged to punish the hiding dog.

Mas Buck saltou entre eles com uma fúria igual à do próprio Spitz.

But Buck sprang between them with a fury equal to Spitz's own.

O ataque foi tão repentino e inteligente que Spitz caiu.

The attack was so sudden and clever that Spitz fell off his feet.

Pike, que estava tremendo, ganhou coragem com esse desafio.

Pike, who had been shaking, took courage from this defiance.

Ele saltou sobre o Spitz caído, seguindo o exemplo ousado de Buck.

He leapt on the fallen Spitz, following Buck's bold example.

Buck, não mais limitado pela justiça, juntou-se à greve em Spitz.

Buck, no longer bound by fairness, joined the strike on Spitz.

François, divertido mas firme na disciplina, brandiu seu pesado chicote.

François, amused yet firm in discipline, swung his heavy lash.

Ele atingiu Buck com toda a sua força para separar a briga.

He struck Buck with all his strength to break up the fight.

Buck se recusou a se mover e permaneceu em cima do líder caído.

Buck refused to move and stayed atop the fallen leader.

François então usou o cabo do chicote, atingindo Buck com força.

François then used the whip's handle, hitting Buck hard.

Cambaleando devido ao golpe, Buck caiu para trás sob o ataque.

Staggering from the blow, Buck fell back under the assault.

François atacou repetidamente enquanto Spitz punia Pike.

François struck again and again while Spitz punished Pike.

Os dias se passaram e Dawson City ficou cada vez mais próxima.

Days passed, and Dawson City grew nearer and nearer.

Buck continuou interferindo, se escondendo entre Spitz e outros cães.

Buck kept interfering, slipping between Spitz and other dogs.

Ele escolheu bem seus momentos, sempre esperando
François ir embora.

He chose his moments well, always waiting for François to
leave.

A rebelião silenciosa de Buck se espalhou e a desordem
criou raízes na equipe.

Buck's quiet rebellion spread, and disorder took root in the
team.

Dave e Solleks permaneceram leais, mas outros se tornaram
indisciplinados.

Dave and Solleks stayed loyal, but others grew unruly.

A equipe piorou: ficou inquieta, briguenta e fora da linha.

The team grew worse—restless, quarrelsome, and out of line.

Nada mais funcionava bem e as brigas se tornaram comuns.

Nothing worked smoothly anymore, and fights became
common.

Buck permaneceu no centro dos problemas, sempre
provocando inquietação.

Buck stayed at the heart of the trouble, always provoking
unrest.

François permaneceu alerta, com medo da briga entre Buck e
Spitz.

François stayed alert, afraid of the fight between Buck and
Spitz.

Todas as noites, brigas o acordavam, temendo que o começo
finalmente chegasse.

Each night, scuffles woke him, fearing the beginning finally
arrived.

Ele saltou do manto, pronto para interromper a briga.

He leapt from his robe, ready to break up the fight.

Mas o momento nunca chegou, e eles finalmente chegaram a
Dawson.

But the moment never came, and they reached Dawson at last.

A equipe entrou na cidade em uma tarde sombria, tensa e
silenciosa.

The team entered the town one bleak afternoon, tense and
quiet.

A grande batalha pela liderança ainda pairava no ar congelado.

The great battle for leadership still hung in the frozen air.

Dawson estava cheia de homens e cães de trenó, todos ocupados com o trabalho.

Dawson was full of men and sled-dogs, all busy with work.

Buck observou os cães puxando cargas da manhã até a noite.

Buck watched the dogs pull loads from morning until night.

Eles transportavam toras e lenha, e transportavam suprimentos para as minas.

They hauled logs and firewood, freighted supplies to the mines.

Onde antes os cavalos trabalhavam no Sul, agora os cães trabalhavam duro.

Where horses once worked in the Southland, dogs now labored.

Buck viu alguns cães do Sul, mas a maioria eram huskies parecidos com lobos.

Buck saw some dogs from the South, but most were wolf-like huskies.

À noite, como um relógio, os cães levantavam suas vozes em canção.

At night, like clockwork, the dogs raised their voices in song.

Às nove, à meia-noite e novamente às três, o canto começou.

At nine, at midnight, and again at three, the singing began.

Buck adorava se juntar ao canto misterioso deles, selvagem e antigo.

Buck loved joining their eerie chant, wild and ancient in sound.

A aurora brilhava, as estrelas dançavam e a neve cobria a terra.

The aurora flamed, stars danced, and snow blanketed the land.

O canto dos cães surgiu como um grito contra o silêncio e o frio intenso.

The dogs' song rose as a cry against silence and bitter cold.

Mas seu uivo continha tristeza, não desafio, em cada nota longa.
But their howl held sorrow, not defiance, in every long note.
Cada grito lamentoso era cheio de súplica; o fardo da própria vida.
Each wailing cry was full of pleading; the burden of life itself.
Aquela canção era velha - mais velha que cidades e mais velha que incêndios
That song was old—older than towns, and older than fires
Aquela canção era ainda mais antiga que as vozes dos homens.
That song was more ancient even than the voices of men.
Era uma canção do mundo jovem, quando todas as canções eram tristes.
It was a song from the young world, when all songs were sad.
A canção carregava a tristeza de inúmeras gerações de cães.
The song carried sorrow from countless generations of dogs.
Buck sentiu a melodia profundamente, gemendo de dor enraizada há séculos.
Buck felt the melody deeply, moaning from pain rooted in the ages.
Ele soluçou de uma dor tão antiga quanto o sangue selvagem em suas veias.
He sobbed from a grief as old as the wild blood in his veins.
O frio, a escuridão e o mistério tocaram a alma de Buck.
The cold, the dark, and the mystery touched Buck's soul.
Aquela música provou o quanto Buck havia retornado às suas origens.
That song proved how far Buck had returned to his origins.
Através da neve e dos uivos ele encontrou o começo de sua própria vida.
Through snow and howling he had found the start of his own life.

Sete dias depois de chegarem a Dawson, eles partiram novamente.
Seven days after arriving in Dawson, they set off once again.

A equipe saiu do Quartel e foi até a Trilha Yukon.

The team dropped from the Barracks down to the Yukon Trail.

Eles começaram a jornada de volta para Dyea e Salt Water.

They began the journey back toward Dyea and Salt Water.

Perrault transmitiu despachos ainda mais urgentes do que antes.

Perrault carried dispatches even more urgent than before.

Ele também foi tomado pelo orgulho das trilhas e queria estabelecer um recorde.

He was also seized by trail pride and aimed to set a record.

Desta vez, várias vantagens estavam do lado de Perrault.

This time, several advantages were on Perrault's side.

Os cães descansaram por uma semana inteira e recuperaram suas forças.

The dogs had rested for a full week and regained their strength.

A trilha que eles haviam aberto agora estava compactada por outros.

The trail they had broken was now hard-packed by others.

Em alguns lugares, a polícia havia armazenado comida para cães e homens.

In places, police had stored food for dogs and men alike.

Perrault viajava com pouca bagagem, movendo-se rápido e com pouco peso para sobrecarregá-lo.

Perrault traveled light, moving fast with little to weigh him down.

Eles chegaram a Sixty-Mile, uma corrida de oitenta quilômetros, na primeira noite.

They reached Sixty-Mile, a fifty-mile run, by the first night.

No segundo dia, eles subiram o Yukon em direção a Pelly.

On the second day, they rushed up the Yukon toward Pelly.

Mas esse bom progresso trouxe muita tensão para François.

But such fine progress came with much strain for François.

A rebelião silenciosa de Buck destruiu a disciplina da equipe.

Buck's quiet rebellion had shattered the team's discipline.

Eles não se uniam mais como uma só fera nas rédeas.

They no longer pulled together like one beast in the reins.

Buck levou outros à rebeldia por meio de seu exemplo ousado.

Buck had led others into defiance through his bold example.

O comando de Spitz não era mais recebido com medo ou respeito.

Spitz's command was no longer met with fear or respect.

Os outros perderam o temor por ele e ousaram resistir ao seu governo.

The others lost their awe of him and dared to resist his rule.

Certa noite, Pike roubou metade de um peixe e o comeu sob os olhos de Buck.

One night, Pike stole half a fish and ate it under Buck's eye.

Em outra noite, Dub e Joe lutaram contra Spitz e saíram impunes.

Another night, Dub and Joe fought Spitz and went unpunished.

Até Billee choramingou menos docemente e demonstrou uma nova aspereza.

Even Billee whined less sweetly and showed new sharpness.

Buck rosnava para Spitz toda vez que seus caminhos se cruzavam.

Buck snarled at Spitz every time they crossed paths.

A atitude de Buck tornou-se ousada e ameaçadora, quase como a de um valentão.

Buck's attitude grew bold and threatening, nearly like a bully.

Ele andava de um lado para o outro na frente de Spitz com arrogância, cheio de ameaça e zombaria.

He paced before Spitz with a swagger, full of mocking menace.

Esse colapso da ordem também se espalhou entre os cães de trenó.

That collapse of order also spread among the sled-dogs.

Eles brigavam e discutiam mais do que nunca, enchendo o acampamento com barulho.

They fought and argued more than ever, filling camp with noise.

A vida no acampamento se transformava em um caos selvagem e estrondoso todas as noites.

Camp life turned into a wild, howling chaos each night.

Somente Dave e Solleks permaneceram firmes e focados.

Only Dave and Solleks remained steady and focused.

Mas até eles ficaram irritados por causa das brigas constantes.

But even they became short-tempered from the constant brawls.

François xingou em línguas estranhas e pisou forte de frustração.

François cursed in strange tongues and stomped in frustration.

Ele puxou os cabelos e gritou enquanto a neve voava sob seus pés.

He tore at his hair and shouted while snow flew underfoot.

Seu chicote estalava no bando, mas mal conseguia mantê-los na linha.

His whip snapped across the pack but barely kept them in line.

Sempre que ele virava as costas, a briga recomeçava.

Whenever his back was turned, the fighting broke out again.

François usou o chicote para Spitz, enquanto Buck liderava os rebeldes.

François used the lash for Spitz, while Buck led the rebels.

Cada um sabia o papel do outro, mas Buck evitou qualquer culpa.

Each knew the other's role, but Buck avoided any blame.

François nunca pegou Buck começando uma briga ou se esquivando do seu trabalho.

François never caught Buck starting a fight or shirking his job.

Buck trabalhou duro com arreios — o trabalho agora emocionava seu espírito.

Buck worked hard in harness—the toil now thrilled his spirit.

Mas ele encontrou ainda mais alegria em provocar brigas e caos no acampamento.

But he found even more joy in stirring fights and chaos in camp.

Certa noite, na boca do Tahkeena, Dub assustou um coelho.
At the Tahkeena's mouth one evening, Dub startled a rabbit.
Ele errou a captura e o coelho da neve saltou para longe.
He missed the catch, and the snowshoe rabbit sprang away.
Em segundos, toda a equipe de trenó começou a persegui-los com gritos selvagens.
In seconds, the entire sled team gave chase with wild cries.
Perto dali, um acampamento da Polícia do Noroeste abrigava cinquenta cães husky.
Nearby, a Northwest Police camp housed fifty husky dogs.
Eles se juntaram à caçada, descendo juntos o rio congelado.
They joined the hunt, surging down the frozen river together.
O coelho desviou do rio e fugiu subindo o leito congelado de um riacho.
The rabbit turned off the river, fleeing up a frozen creek bed.
O coelho pulava levemente sobre a neve enquanto os cães lutavam para passar.
The rabbit skipped lightly over snow while the dogs struggled through.
Buck liderava a enorme matilha de sessenta cães em cada curva sinuosa.
Buck led the massive pack of sixty dogs around each twisting bend.
Ele avançou, baixo e ansioso, mas não conseguiu ganhar terreno.
He pushed forward, low and eager, but could not gain ground.
Seu corpo brilhava sob a lua pálida a cada salto poderoso.
His body flashed under the pale moon with each powerful leap.
À frente, o coelho se movia como um fantasma, silencioso e rápido demais para ser capturado.
Ahead, the rabbit moved like a ghost, silent and too fast to catch.
Todos aqueles velhos instintos — a fome, a emoção — invadiram Buck.

All those old instincts—the hunger, the thrill—rushed through Buck.

Às vezes, os humanos sentem esse instinto, levados a caçar com armas de fogo e balas.

Humans feel this instinct at times, driven to hunt with gun and bullet.

Mas Buck sentiu esse sentimento em um nível mais profundo e pessoal.

But Buck felt this feeling on a deeper and more personal level.

Eles não conseguiam sentir a natureza selvagem em seu sangue da mesma forma que Buck conseguia sentir.

They could not feel the wild in their blood the way Buck could feel it.

Ele perseguia carne viva, pronto para matar com os dentes e provar sangue.

He chased living meat, ready to kill with his teeth and taste blood.

Seu corpo se contraiu de alegria, desejando banhar-se na vida quente e vermelha.

His body strained with joy, wanting to bathe in warm red life.

Uma estranha alegria marca o ponto mais alto que a vida pode alcançar.

A strange joy marks the highest point life can ever reach.

A sensação de um pico onde os vivos esquecem que estão vivos.

The feeling of a peak where the living forget they are even alive.

Essa alegria profunda toca o artista perdido em inspiração ardente.

This deep joy touches the artist lost in blazing inspiration.

Essa alegria toma conta do soldado que luta bravamente e não poupa nenhum inimigo.

This joy seizes the soldier who fights wildly and spares no foe.

Essa alegria agora tomava conta de Buck enquanto ele liderava o bando em uma fome primitiva.

This joy now claimed Buck as he led the pack in primal hunger.

Ele uivou com o antigo grito de lobo, emocionado pela perseguição viva.

He howled with the ancient wolf-cry, thrilled by the living chase.

Buck recorreu à parte mais antiga de si mesmo, perdida na natureza.

Buck tapped into the oldest part of himself, lost in the wild.

Ele alcançou o interior profundo, o passado, o tempo antigo e cru.

He reached deep within, past memory, into raw, ancient time.

Uma onda de vida pura percorreu cada músculo e tendão.

A wave of pure life surged through every muscle and tendon.

Cada salto gritava que ele vivia, que ele passava pela morte.

Each leap shouted that he lived, that he moved through death.

Seu corpo voou alegremente sobre a terra parada e fria que nunca se mexeu.

His body soared joyfully over still, cold land that never stirred.

Spitz permaneceu frio e astuto, mesmo em seus momentos mais selvagens.

Spitz stayed cold and cunning, even in his wildest moments.

Ele deixou a trilha e atravessou a terra onde o riacho fazia uma curva larga.

He left the trail and crossed land where the creek curved wide.

Buck, sem saber disso, permaneceu no caminho sinuoso do coelho.

Buck, unaware of this, stayed on the rabbit's winding path.

Então, quando Buck fez uma curva, o coelho fantasmagórico apareceu diante dele.

Then, as Buck rounded a bend, the ghost-like rabbit was before him.

Ele viu uma segunda figura saltar da margem à frente da presa.

He saw a second figure leap from the bank ahead of the prey.

A figura era Spitz, pousando bem no caminho do coelho em fuga.

The figure was Spitz, landing right in the path of the fleeing rabbit.

O coelho não conseguiu se virar e encontrou as mandíbulas de Spitz no ar.

The rabbit could not turn and met Spitz's jaws in mid-air.

A espinha do coelho quebrou com um grito tão agudo quanto o grito de um humano moribundo.

The rabbit's spine broke with a shriek as sharp as a dying human's cry.

Ao som daquele som — a queda da vida para a morte — a matilha uivou alto.

At that sound—the fall from life to death—the pack howled loud.

Um coro selvagem surgiu atrás de Buck, cheio de prazer sombrio.

A savage chorus rose from behind Buck, full of dark delight.

Buck não deu nenhum grito, nenhum som, e avançou direto em direção a Spitz.

Buck gave no cry, no sound, and charged straight into Spitz.

Ele mirou na garganta, mas acertou o ombro.

He aimed for the throat, but struck the shoulder instead.

Eles caíram na neve fofa; seus corpos travaram um combate.

They tumbled through soft snow; their bodies locked in combat.

Spitz se levantou rapidamente, como se nunca tivesse caído.

Spitz sprang up quickly, as if never knocked down at all.

Ele cortou o ombro de Buck e então saltou para longe da luta.

He slashed Buck's shoulder, then leaped clear of the fight.

Duas vezes seus dentes estalaram como armadilhas de aço, lábios curvados e ferozes.

Twice his teeth snapped like steel traps, lips curled and fierce.

Ele recuou lentamente, buscando chão firme sob seus pés.

He backed away slowly, seeking firm ground under his feet.

Buck entendeu o momento instantaneamente e completamente.

Buck understood the moment instantly and fully.

A hora havia chegado; a luta seria até a morte.

The time had come; the fight was going to be a fight to the death.

Os dois cães circulavam, rosnando, com as orelhas achatadas e os olhos semicerrados.

The two dogs circled, growling, ears flat, eyes narrowed.

Cada cão esperava que o outro demonstrasse fraqueza ou passo em falso.

Each dog waited for the other to show weakness or misstep.

Para Buck, a cena parecia estranhamente conhecida e profundamente lembrada.

To Buck, the scene felt eerily known and deeply remembered.

As florestas brancas, a terra fria, a batalha sob o luar.

The white woods, the cold earth, the battle under moonlight.

Um silêncio pesado enchia a terra, profundo e sobrenatural.

A heavy silence filled the land, deep and unnatural.

Nenhum vento soprava, nenhuma folha se movia, nenhum som quebrava o silêncio.

No wind stirred, no leaf moved, no sound broke the stillness.

A respiração dos cães subia como fumaça no ar congelado e silencioso.

The dogs' breaths rose like smoke in the frozen, quiet air.

O coelho foi esquecido há muito tempo pela matilha de feras selvagens.

The rabbit was long forgotten by the pack of wild beasts.

Esses lobos meio domesticados agora estavam parados em um amplo círculo.

These half-tamed wolves now stood still in a wide circle.

Eles estavam quietos, apenas seus olhos brilhantes revelavam sua fome.

They were quiet, only their glowing eyes revealed their hunger.

A respiração deles subiu, observando a luta final começar.

Their breath drifted upward, watching the final fight begin.

Para Buck, essa batalha era antiga e esperada, nada estranha.

To Buck, this battle was old and expected, not strange at all.

Parecia uma lembrança de algo que sempre deveria
acontecer.

It felt like a memory of something always meant to happen.

Spitz era um cão de luta treinado, aperfeiçoado por inúmeras
brigas selvagens.

Spitz was a trained fighting dog, honed by countless wild
brawls.

De Spitzbergen ao Canadá, ele derrotou muitos inimigos.

From Spitzbergen to Canada, he had mastered many foes.

Ele estava cheio de fúria, mas nunca deu controle à raiva.

He was filled with fury, but never gave control to rage.

Sua paixão era intensa, mas sempre temperada por um forte
instinto.

His passion was sharp, but always tempered by hard instinct.

Ele nunca atacou até que sua própria defesa estivesse pronta.

He never attacked until his own defense was in place.

Buck tentou várias vezes alcançar o pescoço vulnerável de
Spitz.

Buck tried again and again to reach Spitz's vulnerable neck.

Mas cada golpe era recebido com um corte dos dentes
afiados de Spitz.

But every strike was met by a slash from Spitz's sharp teeth.

Suas presas se chocaram, e ambos os cães sangraram pelos
lábios dilacerados.

Their fangs clashed, and both dogs bled from torn lips.

Não importava o quanto Buck atacasse, ele não conseguia
quebrar a defesa.

No matter how Buck lunged, he couldn't break the defense.

Ele ficou mais furioso, avançando com explosões selvagens
de poder.

He grew more furious, rushing in with wild bursts of power.

Repetidamente, Buck atacou a garganta branca de Spitz.

Again and again, Buck struck for the white throat of Spitz.

Cada vez que Spitz se esquivava, ele revidava com uma
mordida cortante.

Each time Spitz evaded and struck back with a slicing bite.

Então Buck mudou de tática, avançando como se fosse em direção à garganta novamente.

Then Buck shifted tactics, rushing as if for the throat again.

Mas ele recuou no meio do ataque, virando-se para atacar de lado.

But he pulled back mid-attack, turning to strike from the side.

Ele jogou o ombro em Spitz, com a intenção de derrubá-lo.

He threw his shoulder into Spitz, aiming to knock him down.

Cada vez que ele tentava, Spitz desviava e contra-atacava com um golpe.

Each time he tried, Spitz dodged and countered with a slash.

O ombro de Buck ficou em carne viva quando Spitz saltou para longe após cada golpe.

Buck's shoulder grew raw as Spitz leapt clear after every hit.

Spitz não foi tocado, enquanto Buck sangrava por muitos ferimentos.

Spitz had not been touched, while Buck bled from many wounds.

A respiração de Buck estava rápida e pesada, seu corpo coberto de sangue.

Buck's breath came fast and heavy, his body slick with blood.

A luta se tornou mais brutal a cada mordida e investida.

The fight turned more brutal with each bite and charge.

Ao redor deles, sessenta cães silenciosos esperavam que o primeiro caísse.

Around them, sixty silent dogs waited for the first to fall.

Se um cachorro caísse, a matilha terminaria a luta.

If one dog dropped, the pack were going to finish the fight.

Spitz viu Buck enfraquecendo e começou a pressionar o ataque.

Spitz saw Buck weakening, and began to press the attack.

Ele manteve Buck desequilibrado, forçando-o a lutar para manter o equilíbrio.

He kept Buck off balance, forcing him to fight for footing.

Certa vez, Buck tropeçou e caiu, e todos os cães se levantaram.

Once Buck stumbled and fell, and all the dogs rose up.

Mas Buck se endireitou no meio da queda, e todos afundaram novamente.

But Buck righted himself mid-fall, and everyone sank back down.

Buck tinha algo raro: imaginação nascida de um instinto profundo.

Buck had something rare—imagination born from deep instinct.

Ele lutou por impulso natural, mas também lutou com astúcia.

He fought by natural drive, but he also fought with cunning.

Ele atacou novamente como se estivesse repetindo seu truque de ataque de ombro.

He charged again as if repeating his shoulder attack trick.

Mas no último segundo, ele se abaixou e passou por baixo de Spitz.

But at the last second, he dropped low and swept beneath Spitz.

Seus dentes se fecharam na perna dianteira esquerda de Spitz com um estalo.

His teeth locked on Spitz's front left leg with a snap.

Spitz agora estava instável, com seu peso apoiado em apenas três pernas.

Spitz now stood unsteady, his weight on only three legs.

Buck atacou novamente e tentou derrubá-lo três vezes.

Buck struck again, tried three times to bring him down.

Na quarta tentativa ele usou o mesmo movimento com sucesso

On the fourth attempt he used the same move with success

Desta vez, Buck conseguiu morder a perna direita de Spitz.

This time Buck managed to bite the right leg of Spitz.

Spitz, embora aleijado e em agonia, continuou lutando para sobreviver.

Spitz, though crippled and in agony, kept struggling to survive.

Ele viu o círculo de huskies se estreitar, com as línguas de fora e os olhos brilhando.

He saw the circle of huskies tighten, tongues out, eyes glowing.

Eles esperaram para devorá-lo, assim como fizeram com os outros.

They waited to devour him, just as they had done to others.

Desta vez, ele ficou no centro; derrotado e condenado.

This time, he stood in the center; defeated and doomed.

Agora não havia mais opção de fuga para o cão branco.

There was no option to escape for the white dog now.

Buck não demonstrou misericórdia, pois misericórdia não pertence à natureza.

Buck showed no mercy, for mercy did not belong in the wild.

Buck se moveu com cuidado, preparando-se para o ataque final.

Buck moved carefully, setting up for the final charge.

O círculo de huskies se fechou; ele sentiu suas respirações quentes.

The circle of huskies closed in; he felt their warm breaths.

Eles se agacharam, preparados para atacar quando chegasse o momento.

They crouched low, prepared to spring when the moment came.

Spitz tremeu na neve, rosnando e mudando de posição.

Spitz quivered in the snow, snarling and shifting his stance.

Seus olhos brilhavam, seus lábios se curvavam e seus dentes brilhavam em uma ameaça desesperada.

His eyes glared, lips curled, teeth flashing in desperate threat.

Ele cambaleou, ainda tentando segurar a fria mordida da morte.

He staggered, still trying to hold off the cold bite of death.

Ele já tinha visto isso antes, mas sempre do lado vencedor.

He had seen this before, but always from the winning side.

Agora ele estava do lado perdedor; o derrotado; a presa; a morte.

Now he was on the losing side; the defeated; the prey; death.

Buck circulou para o golpe final, o círculo de cães se aproximando.

Buck circled for the final blow, the ring of dogs pressed closer.

Ele podia sentir suas respirações quentes; prontos para matar.

He could feel their hot breaths; ready for the kill.

Houve um silêncio; tudo estava em seu lugar; o tempo havia parado.

A stillness fell; all was in its place; time had stopped.

Até o ar frio entre eles congelou por um último momento.

Even the cold air between them froze for one last moment.

Somente Spitz se moveu, tentando evitar seu amargo fim.

Only Spitz moved, trying to hold off his bitter end.

O círculo de cães estava se fechando ao redor dele, assim como seu destino.

The circle of dogs was closing in around him, as was his destiny.

Ele estava desesperado agora, sabendo o que estava prestes a acontecer.

He was desperate now, knowing what was about to happen.

Buck saltou, ombro a ombro uma última vez.

Buck sprang in, shoulder met shoulder one last time.

Os cães avançaram, cobrindo Spitz na escuridão da neve.

The dogs surged forward, covering Spitz in the snowy dark.

Buck observou, de pé; o vencedor em um mundo selvagem.

Buck watched, standing tall; the victor in a savage world.

A besta primordial dominante havia feito sua presa, e foi boa.

The dominant primordial beast had made its kill, and it was good.

Aquele que venceu a Maestria
He, Who Has Won to Mastership

"Hã? O que eu disse? Falo a verdade quando digo que o Buck é um demônio."
"Eh? What did I say? I speak true when I say Buck is a devil."
François disse isso na manhã seguinte, depois de descobrir que Spitz havia desaparecido.
François said this the next morning after finding Spitz missing.
Buck ficou ali, coberto de ferimentos da luta violenta.
Buck stood there, covered with wounds from the vicious fight.
François puxou Buck para perto do fogo e apontou para os ferimentos.
François pulled Buck near the fire and pointed at the injuries.
"Aquele Spitz lutou como o Devik", disse Perrault, olhando para os cortes profundos.
"That Spitz fought like the Devik," said Perrault, eyeing the deep gashes.
"E aquele Buck lutou como dois demônios", respondeu François imediatamente.
"And that Buck fought like two devils," François replied at once.
"Agora faremos um bom tempo; chega de Spitz, chega de problemas."
"Now we will make good time; no more Spitz, no more trouble."
Perrault estava empacotando o equipamento e carregou o trenó com cuidado.
Perrault was packing the gear and loaded the sled with care.
François preparou os cães para a corrida do dia.
François harnessed the dogs in preparation for the day's run.
Buck trotou direto para a posição de liderança antes ocupada por Spitz.
Buck trotted straight to the lead position once held by Spitz.
Mas François, sem perceber, levou Solleks para a frente.
But François, not noticing, led Solleks forward to the front.

Na opinião de François, Solleks era agora o melhor cão guia.
In François's judgment, Solleks was now the best lead-dog.
Buck avançou furioso contra Solleks e o empurrou para trás em protesto.
Buck sprang at Solleks in fury and drove him back in protest.
Ele ficou onde Spitz esteve uma vez, reivindicando a posição de liderança.
He stood where Spitz once had stood, claiming the lead position.
"É? É?", gritou François, dando tapinhas nas coxas, divertido.
"Eh? Eh?" cried François, slapping his thighs in amusement.
"Olhe para o Buck, ele matou o Spitz e agora quer assumir o trabalho!"
"Look at Buck—he killed Spitz, now he wants to take the job!"
"Vá embora, Chook!" ele gritou, tentando afastar Buck.
"Go away, Chook!" he shouted, trying to drive Buck away.
Mas Buck se recusou a se mover e permaneceu firme na neve.
But Buck refused to move and stood firm in the snow.
François agarrou Buck pelo pescoço e o arrastou para o lado.
François grabbed Buck by the scruff, dragging him aside.
Buck rosnou baixo e ameaçadoramente, mas não atacou.
Buck growled low and threateningly but did not attack.
François colocou Solleks de volta na liderança, tentando resolver a disputa
François put Solleks back in the lead, trying to settle the dispute
O velho cachorro demonstrou medo de Buck e não queria ficar.
The old dog showed fear of Buck and didn't want to stay.
Quando François virou as costas, Buck expulsou Solleks novamente.
When François turned his back, Buck drove Solleks out again.
Solleks não resistiu e silenciosamente se afastou mais uma vez.
Solleks did not resist and quietly stepped aside once more.

François ficou furioso e gritou: "Por Deus, eu vou te consertar!"

François grew angry and shouted, "By God, I fix you!"

Ele veio em direção a Buck segurando um pesado porrete na mão.

He came toward Buck holding a heavy club in his hand.

Buck se lembrava bem do homem do suéter vermelho.

Buck remembered the man in the red sweater well.

Ele recuou lentamente, observando François, mas rosnando profundamente.

He retreated slowly, watching François, but growling deeply.

Ele não voltou correndo, mesmo quando Solleks assumiu seu lugar.

He did not rush back, even when Solleks stood in his place.

Buck circulou além do alcance, rosnando em fúria e protesto.

Buck circled just beyond reach, snarling in fury and protest.

Ele manteve os olhos no taco, pronto para desviar se François jogasse.

He kept his eyes on the club, ready to dodge if François threw.

Ele se tornou sábio e cauteloso em relação aos costumes dos homens armados.

He had grown wise and wary in the ways of men with weapons.

François desistiu e chamou Buck novamente para seu antigo lugar.

François gave up and called Buck to his former place again.

Mas Buck recuou cautelosamente, recusando-se a obedecer à ordem.

But Buck stepped back cautiously, refusing to obey the order.

François o seguiu, mas Buck recuou apenas mais alguns passos.

François followed, but Buck only retreated a few steps more.

Depois de algum tempo, François jogou a arma no chão, frustrado.

After some time, François threw the weapon down in frustration.

Ele pensou que Buck estava com medo de apanhar e iria agir discretamente.

He thought Buck feared a beating and was going to come quietly.

Mas Buck não estava evitando a punição: ele estava lutando por posição.

But Buck wasn't avoiding punishment—he was fighting for rank.

Ele conquistou o posto de cão líder por meio de uma luta até a morte

He had earned the lead-dog spot through a fight to the death

ele não iria se contentar com nada menos do que ser o líder.

he was not going to settle for anything less than being the leader.

Perrault ajudou na perseguição para capturar o rebelde Buck.

Perrault took a hand in the chase to help catch the rebellious Buck.

Juntos, eles o fizeram correr pelo acampamento por quase uma hora.

Together, they ran him around the camp for nearly an hour.

Eles atiraram cassetetes nele, mas Buck desviou de cada um deles habilmente.

They hurled clubs at him, but Buck dodged each one skillfully.

Eles o amaldiçoaram, a seus ancestrais, a seus descendentes e a cada fio de cabelo dele.

They cursed him, his ancestors, his descendants, and every hair on him.

Mas Buck apenas rosnou de volta e ficou fora do alcance deles.

But Buck only snarled back and stayed just out of their reach.

Ele nunca tentou fugir, mas circulou o acampamento deliberadamente.

He never tried to run away but circled the camp deliberately.

Ele deixou claro que iria obedecer quando lhe dessem o que queria.

He made it clear he was going to obey once they gave him what he wanted.

François finalmente sentou-se e coçou a cabeça, frustrado.

François finally sat down and scratched his head in frustration.

Perrault olhou para o relógio, xingou e murmurou sobre o tempo perdido.

Perrault checked his watch, swore, and muttered about lost time.

Já havia passado uma hora em que eles deveriam estar na trilha.

An hour had already passed when they should have been on the trail.

François deu de ombros timidamente para o mensageiro, que suspirou derrotado.

François shrugged sheepishly at the courier, who sighed in defeat.

Então François caminhou até Solleks e chamou Buck mais uma vez.

Then François walked to Solleks and called out to Buck once more.

Buck riu como um cachorro ri, mas manteve uma distância cautelosa.

Buck laughed like a dog laughs, but kept his cautious distance.

François removeu o arreio de Solleks e o colocou de volta em seu lugar.

François removed Solleks's harness and returned him to his spot.

A equipe de trenó estava totalmente equipada, com apenas uma vaga vazia.

The sled team stood fully harnessed, with only one spot unfilled.

A posição de liderança permaneceu vazia, claramente destinada apenas a Buck.

The lead position remained empty, clearly meant for Buck alone.

François chamou novamente, e mais uma vez Buck riu e se manteve firme.

François called again, and again Buck laughed and held his ground.

"Jogue o porrete no chão", ordenou Perrault sem hesitar.

"Throw down the club," Perrault ordered without hesitation.

François obedeceu, e Buck imediatamente trotou para frente, orgulhoso.

François obeyed, and Buck immediately trotted forward proudly.

Ele riu triunfantemente e assumiu a posição de liderança.

He laughed triumphantly and stepped into the lead position.

François prendeu seus rastros e o trenó foi solto.

François secured his traces, and the sled was broken loose.

Os dois homens correram juntos enquanto a equipe avançava pela trilha do rio.

Both men ran alongside as the team raced onto the river trail.

François tinha em alta conta os "dois demônios" de Buck,

François had thought highly of Buck's "two devils,"

mas ele logo percebeu que na verdade havia subestimado o cachorro.

but he soon realized he had actually underestimated the dog.

Buck rapidamente assumiu a liderança e teve um desempenho excelente.

Buck quickly assumed leadership and performed with excellence.

Em julgamento, raciocínio rápido e ação rápida, Buck superou Spitz.

In judgment, quick thinking, and fast action, Buck surpassed Spitz.

François nunca tinha visto um cão igual ao que Buck agora exibia.

François had never seen a dog equal to what Buck now displayed.

Mas Buck realmente se destacou em impor a ordem e impor respeito.

But Buck truly excelled in enforcing order and commanding respect.

Dave e Solleks aceitaram a mudança sem preocupação ou protesto.

Dave and Solleks accepted the change without concern or protest.

Eles se concentravam apenas no trabalho e em puxar as rédeas com força.

They focused only on work and pulling hard in the reins.

Pouco se importavam com quem liderava, desde que o trenó continuasse se movendo.

They cared little who led, so long as the sled kept moving.

Billee, o alegre, poderia ter liderado, se importasse.

Billee, the cheerful one, could have led for all they cared.

O que importava para eles era a paz e a ordem nas fileiras.

What mattered to them was peace and order in the ranks.

O resto da equipe ficou indisciplinado durante o declínio de Spitz.

The rest of the team had grown unruly during Spitz's decline.

Eles ficaram chocados quando Buck imediatamente os colocou em ordem.

They were shocked when Buck immediately brought them to order.

Pike sempre foi preguiçoso e arrastava os pés atrás de Buck.

Pike had always been lazy and dragging his feet behind Buck.

Mas agora foi severamente disciplinado pela nova liderança.

But now was sharply disciplined by the new leadership.

E ele rapidamente aprendeu a contribuir com a equipe.

And he quickly learned to pull his weight in the team.

No final do dia, Pike trabalhou mais do que nunca.

By the end of the day, Pike worked harder than ever before.

Naquela noite no acampamento, Joe, o cão azedo, foi finalmente subjugado.

That night in camp, Joe, the sour dog, was finally subdued.

Spitz falhou em discipliná-lo, mas Buck não falhou.

Spitz had failed to discipline him, but Buck did not fail.

Usando seu peso maior, Buck dominou Joe em segundos.

Using his greater weight, Buck overwhelmed Joe in seconds.

Ele mordeu e bateu em Joe até que ele choramingou e parou de resistir.

He bit and battered Joe until he whimpered and ceased resisting.

A partir daquele momento, toda a equipe melhorou.

The whole team improved from that moment on.

Os cães recuperaram sua antiga unidade e disciplina.

The dogs regained their old unity and discipline.

Em Rink Rapids, dois novos huskies nativos, Teek e Koona, se juntaram.

At Rink Rapids, two new native huskies, Teek and Koona, joined.

O rápido treinamento de Buck surpreendeu até mesmo François.

Buck's swift training of them astonished even François.

"Nunca existiu um cão como aquele Buck!" ele gritou, espantado.

"Never was there such a dog as that Buck!" he cried in amazement.

"Não, nunca! Ele vale mil dólares, meu Deus!"

"No, never! He's worth one thousand dollars, by God!"

"Hã? O que você diz, Perrault?", perguntou ele, orgulhoso.

"Eh? What do you say, Perrault?" he asked with pride.

Perrault concordou com a cabeça e verificou suas anotações.

Perrault nodded in agreement and checked his notes.

Já estamos adiantados e ganhando mais a cada dia.

We're already ahead of schedule and gaining more each day.

A trilha era compactada e lisa, sem neve fresca.

The trail was hard-packed and smooth, with no fresh snow.

O frio era constante, oscilando em torno de cinquenta graus abaixo de zero o tempo todo.

The cold was steady, hovering at fifty below zero throughout.

Os homens cavalgavam e corriam em turnos para se manterem aquecidos e ganhar tempo.

The men rode and ran in turns to keep warm and make time.

Os cães corriam rápido, com poucas paradas, sempre avançando.

The dogs ran fast with few stops, always pushing forward.

O Rio Thirty Mile estava quase todo congelado e era fácil atravessá-lo.

The Thirty Mile River was mostly frozen and easy to travel across.

Eles saíram em um dia o que levou dez dias para chegar.

They went out in one day what had taken ten days coming in.

Eles correram 96 quilômetros do Lago Le Barge até White Horse.

They made a sixty-mile dash from Lake Le Barge to White Horse.

Eles se moveram incrivelmente rápido pelos lagos Marsh, Tagish e Bennett.

Across Marsh, Tagish, and Bennett Lakes they moved incredibly fast.

O homem correndo foi rebocado pelo trenó por uma corda.

The running man towed behind the sled on a rope.

Na última noite da segunda semana eles chegaram ao seu destino.

On the last night of week two they got to their destination.

Eles chegaram juntos ao topo do White Pass.

They had reached the top of White Pass together.

Eles desceram ao nível do mar com as luzes de Skaguay abaixo deles.

They dropped down to sea level with Skaguay's lights below them.

Foi uma corrida recorde atravessando quilômetros de deserto frio.

It had been a record-setting run across miles of cold wilderness.

Durante quatorze dias seguidos, eles percorreram uma média de 64 quilômetros.

For fourteen days straight, they averaged a strong forty miles.

Em Skaguay, Perrault e François movimentaram cargas pela cidade.

In Skaguay, Perrault and François moved cargo through town.

Eles foram aplaudidos e receberam muitas bebidas da multidão admirada.

They were cheered and offered many drinks by admiring crowds.

Caçadores de cães e trabalhadores se reuniram em torno do famoso grupo de cães.

Dog-busters and workers gathered around the famous dog team.

Então, bandidos ocidentais chegaram à cidade e foram violentamente derrotados.

Then western outlaws came to town and met violent defeat.

As pessoas logo esqueceram o time e se concentraram em um novo drama.

The people soon forgot the team and focused on new drama.

Então vieram as novas ordens que mudaram tudo de uma vez.

Then came the new orders that changed everything at once.

François chamou Buck e o abraçou com orgulho e lágrimas.

François called Buck to him and hugged him with tearful pride.

Aquele momento foi a última vez que Buck viu François novamente.

That moment was the last time Buck ever saw François again.

Como muitos homens antes, François e Perrault se foram.

Like many men before, both François and Perrault were gone.

Um mestiço escocês tomou conta de Buck e seus companheiros de equipe de cães de trenó.

A Scotch half-breed took charge of Buck and his sled dog teammates.

Com uma dúzia de outras equipes de cães, eles retornaram pela trilha até Dawson.

With a dozen other dog teams, they returned along the trail to Dawson.

Não era uma corrida rápida, apenas um trabalho pesado com uma carga pesada a cada dia.

It was no fast run now—just heavy toil with a heavy load each day.

Este era o trem dos correios, trazendo notícias aos caçadores de ouro perto do Polo.

This was the mail train, bringing word to gold hunters near the Pole.

Buck não gostava do trabalho, mas o suportava bem, orgulhando-se de seu esforço.

Buck disliked the work but bore it well, taking pride in his effort.

Assim como Dave e Solleks, Buck demonstrou dedicação a cada tarefa diária.

Like Dave and Solleks, Buck showed devotion to every daily task.

Ele garantiu que cada um dos seus companheiros de equipe fizesse a sua parte.

He made sure his teammates each pulled their fair weight.

A vida na trilha tornou-se monótona, repetida com a precisão de uma máquina.

Trail life became dull, repeated with the precision of a machine.

Cada dia parecia o mesmo, uma manhã se misturando à outra.

Each day felt the same, one morning blending into the next.

Na mesma hora, os cozinheiros se levantaram para acender fogueiras e preparar comida.

At the same hour, the cooks rose to build fires and prepare food.

Depois do café da manhã, alguns deixaram o acampamento enquanto outros atrelaram os cães.

After breakfast, some left camp while others harnessed the dogs.

Eles pegaram a trilha antes que o tênue sinal do amanhecer tocasse o céu.

They hit the trail before the dim warning of dawn touched the sky.

À noite, eles paravam para acampar, cada homem com uma tarefa definida.

At night, they stopped to make camp, each man with a set duty.

Alguns montaram as tendas, outros cortaram lenha e coletaram galhos de pinheiro.

Some pitched the tents, others cut firewood and gathered pine boughs.

Água ou gelo eram levados de volta aos cozinheiros para a refeição da noite.

Water or ice was carried back to the cooks for the evening meal.

Os cães foram alimentados e esta foi a melhor parte do dia para eles.

The dogs were fed, and this was the best part of the day for them.

Depois de comerem o peixe, os cães relaxaram e descansaram perto do fogo.

After eating fish, the dogs relaxed and lounged near the fire.

Havia centenas de outros cães no comboio para se misturar.

There were a hundred other dogs in the convoy to mingle with.

Muitos desses cães eram ferozes e rápidos para brigar sem aviso.

Many of those dogs were fierce and quick to fight without warning.

Mas depois de três vitórias, Buck dominou até os lutadores mais ferozes.

But after three wins, Buck mastered even the fiercest fighters.

Agora, quando Buck rosnou e mostrou os dentes, eles se afastaram.

Now when Buck growled and showed his teeth, they stepped aside.

Talvez o melhor de tudo é que Buck adorava ficar deitado perto da fogueira bruxuleante.

Perhaps best of all, Buck loved lying near the flickering campfire.

Ele se agachou com as patas traseiras dobradas e as dianteiras esticadas para a frente.

He crouched with hind legs tucked and front legs stretched ahead.

Sua cabeça estava erguida enquanto ele piscava suavemente para as chamas brilhantes.

His head was raised as he blinked softly at the glowing flames.

Às vezes ele se lembrava da grande casa do juiz Miller em Santa Clara.

Sometimes he recalled Judge Miller's big house in Santa Clara.

Ele pensou na piscina de cimento, em Ysabel e no pug chamado Toots.

He thought of the cement pool, of Ysabel, and the pug called Toots.

Mas, com mais frequência, ele se lembrava do porrete do homem do suéter vermelho.

But more often he remembered the man with the red sweater's club.

Ele se lembrou da morte de Curly e de sua batalha feroz com Spitz.

He remembered Curly's death and his fierce battle with Spitz.

Ele também se lembrou da boa comida que havia comido ou com a qual ainda sonhava.

He also recalled the good food he had eaten or still dreamed of.

Buck não sentia saudades de casa: o vale quente era distante e irreal.

Buck was not homesick—the warm valley was distant and unreal.

As lembranças da Califórnia não tinham mais nenhum poder sobre ele.

Memories of California no longer held any real pull over him.

Mais fortes que a memória eram os instintos arraigados em sua linhagem.

Stronger than memory were instincts deep in his bloodline.

Hábitos perdidos retornaram, revividos pela trilha e pela natureza.

Habits once lost had returned, revived by the trail and the wild.

Enquanto Buck observava a luz do fogo, ela às vezes se transformava em outra coisa.

As Buck watched the firelight, it sometimes became something else.

Ele viu à luz do fogo outro fogo, mais antigo e mais profundo que o atual.

He saw in the firelight another fire, older and deeper than the present one.

Ao lado daquela outra fogueira estava agachado um homem diferente do cozinheiro mestiço.

Beside that other fire crouched a man unlike the half-breed cook.

Essa figura tinha pernas curtas, braços longos e músculos duros e nodosos.

This figure had short legs, long arms, and hard, knotted muscles.

Seu cabelo era longo e emaranhado, caindo para trás, a partir dos olhos.

His hair was long and matted, sloping backward from the eyes.

Ele fez sons estranhos e olhou com medo para a escuridão.

He made strange sounds and stared out in fear at the darkness.

Ele segurava uma pedra bem baixa, firmemente agarrada em sua mão longa e áspera.

He held a stone club low, gripped tightly in his long rough hand.

O homem vestia pouca coisa; apenas uma pele carbonizada que pendia sobre suas costas.

The man wore little; just a charred skin that hung down his back.

Seu corpo era coberto de pelos grossos nos braços, peito e coxas.

His body was covered with thick hair across arms, chest, and thighs.

Algumas partes do cabelo estavam emaranhadas em pedaços de pelo áspero.

Some parts of the hair were tangled into patches of rough fur.

Ele não ficou em pé, mas sim curvado para a frente, dos quadris aos joelhos.

He did not stand straight but bent forward from the hips to knees.

Seus passos eram elásticos e felinos, como se estivesse sempre pronto para saltar.

His steps were springy and catlike, as if always ready to leap.

Havia um estado de alerta intenso, como se ele vivesse em medo constante.

There was a sharp alertness, like he lived in constant fear.

Este homem antigo parecia esperar perigo, quer o perigo fosse visto ou não.

This ancient man seemed to expect danger, whether the danger was seen or not.

Às vezes, o homem peludo dormia perto do fogo, com a cabeça entre as pernas.

At times the hairy man slept by the fire, head tucked between legs.

Seus cotovelos estavam apoiados nos joelhos e suas mãos estavam cruzadas acima da cabeça.

His elbows rested on his knees, hands clasped above his head.

Como um cão, ele usou seus braços peludos para afastar a chuva que caía.

Like a dog he used his hairy arms to shed off the falling rain.

Além da luz do fogo, Buck viu duas brasas brilhando no escuro.

Beyond the firelight, Buck saw twin coals glowing in the dark.

Sempre dois a dois, eles eram os olhos de animais predadores à espreita.

Always two by two, they were the eyes of stalking beasts of prey.

Ele ouviu corpos caindo nos arbustos e sons feitos na noite.

He heard bodies crash through brush and sounds made in the night.

Deitado na margem do Yukon, piscando, Buck sonhava perto do fogo.

Lying on the Yukon bank, blinking, Buck dreamed by the fire.

As imagens e os sons daquele mundo selvagem faziam seus cabelos ficarem arrepiados.

The sights and sounds of that wild world made his hair stand up.

Os pelos se eriçaram ao longo de suas costas, ombros e pescoço.

The fur rose along his back, his shoulders, and up his neck.

Ele choramingava baixinho ou soltava um rosnado baixo, bem no fundo do peito.

He whimpered softly or gave a low growl deep in his chest.

Então o cozinheiro mestiço gritou: "Ei, Buck, acorde!"

Then the half-breed cook shouted, "Hey, you Buck, wake up!"

O mundo dos sonhos desapareceu e a vida real retornou aos olhos de Buck.

The dream world vanished, and real life returned to Buck's eyes.

Ele ia se levantar, se espreguiçar e bocejar, como se tivesse acordado de um cochilo.

He was going to get up, stretch, and yawn, as if woken from a nap.

A viagem foi difícil, com o trenó dos correios arrastando-se atrás deles.

The trip was hard, with the mail sled dragging behind them.

Cargas pesadas e trabalho duro desgastavam os cães a cada longo dia.

Heavy loads and tough work wore down the dogs each long day.

Eles chegaram a Dawson magros, cansados e precisando de mais de uma semana de descanso.

They reached Dawson thin, tired, and needing over a week's rest.

Mas apenas dois dias depois, eles partiram novamente pelo Yukon.

But only two days later, they set out down the Yukon again.

Eles estavam carregados com mais cartas destinadas ao mundo exterior.

They were loaded with more letters bound for the outside world.

Os cães estavam exaustos e os homens reclamavam constantemente.

The dogs were exhausted and the men were complaining constantly.

A neve caía todos os dias, amolecendo a trilha e deixando os trenós mais lentos.

Snow fell every day, softening the trail and slowing the sleds.

Isso fazia com que a tração fosse mais difícil e gerasse mais arrasto nos corredores.

This made for harder pulling and more drag on the runners.

Apesar disso, os pilotos foram justos e se preocuparam com suas equipes.

Despite that, the drivers were fair and cared for their teams.

Todas as noites, os cães eram alimentados antes que os homens pudessem comer.

Each night, the dogs were fed before the men got to eat.

Nenhum homem dormiu antes de verificar as patas do seu próprio cachorro.

No man slept before checking the feet of his own dog's.

Mesmo assim, os cães ficaram mais fracos à medida que os quilômetros percorridos desgastavam seus corpos.

Still, the dogs grew weaker as the miles wore on their bodies.

Eles viajaram mil e oitocentos quilômetros durante o inverno.

They had traveled eighteen hundred miles through the winter.

Eles puxaram trenós por cada quilômetro daquela distância brutal.

They pulled sleds across every mile of that brutal distance.

Até mesmo os cães de trenó mais resistentes sentem tensão depois de tantos quilômetros.

Even the toughest sled dogs feel strain after so many miles.

Buck resistiu, manteve sua equipe trabalhando e manteve a disciplina.

Buck held on, kept his team working, and maintained discipline.

Mas Buck estava cansado, assim como os outros na longa jornada.

But Buck was tired, just like the others on the long journey.

Billee choramingava e chorava durante o sono todas as noites, sem exceção.

Billee whimpered and cried in his sleep each night without fail.

Joe ficou ainda mais amargo, e Solleks permaneceu frio e distante.

Joe grew even more bitter, and Solleks stayed cold and distant.

Mas foi Dave quem sofreu mais de toda a equipe.

But it was Dave who suffered the worst out of the entire team.

Algo deu errado dentro dele, embora ninguém soubesse o quê.

Something had gone wrong inside him, though no one knew what.

Ele ficou mais mal-humorado e começou a atacar os outros com raiva cada vez maior.

He became moodier and snapped at others with growing anger.

Todas as noites ele ia direto para o ninho, esperando para ser alimentado.

Each night he went straight to his nest, waiting to be fed.

Depois que ele caiu, Dave não se levantou até de manhã.

Once he was down, Dave did not get up again till morning.

Nas rédeas, solavancos ou sobressaltos repentinos o faziam gritar de dor.

On the reins, sudden jerks or starts made him cry out in pain.

O motorista procurou a causa, mas não encontrou nenhum ferimento nele.

His driver searched for the cause, but found no injury on him.

Todos os motoristas começaram a observar Dave e discutir seu caso.

All the drivers began watching Dave and discussed his case.

Eles conversavam durante as refeições e durante o último cigarro do dia.

They talked at meals and during their final smoke of the day.

Uma noite eles fizeram uma reunião e levaram Dave até a fogueira.

One night they held a meeting and brought Dave to the fire.

Eles pressionaram e sondaram seu corpo, e ele gritava frequentemente.

They pressed and probed his body, and he cried out often.

Claramente, algo estava errado, embora nenhum osso parecesse quebrado.

Clearly, something was wrong, though no bones seemed broken.

Quando chegaram ao Cassiar Bar, Dave estava caindo.

By the time they reached Cassiar Bar, Dave was falling down.

O mestiço escocês deu uma parada e tirou Dave do time.

The Scotch half-breed called a halt and removed Dave from the team.

Ele prendeu Solleks no lugar de Dave, mais próximo da frente do trenó.

He fastened Solleks in Dave's place, closest to the sled's front.

Ele queria deixar Dave descansar e correr livremente atrás do trenó em movimento.

He meant to let Dave rest and run free behind the moving sled.

Mas mesmo doente, Dave odiava ser tirado do emprego que tinha.

But even sick, Dave hated being taken from the job he had owned.

Ele rosnou e choramingou quando as rédeas foram puxadas de seu corpo.

He growled and whimpered as the reins were pulled from his body.

Quando viu Solleks em seu lugar, ele chorou de dor e de coração partido.

When he saw Solleks in his place, he cried with broken-hearted pain.

O orgulho do trabalho nas trilhas estava profundamente enraizado em Dave, mesmo quando a morte se aproximava.
The pride of trail work was deep in Dave, even as death approached.

Enquanto o trenó se movia, Dave cambaleava pela neve fofa perto da trilha.
As the sled moved, Dave floundered through soft snow near the trail.

Ele atacou Solleks, mordendo-o e empurrando-o para longe do trenó.
He attacked Solleks, biting and pushing him from the sled's side.

Dave tentou pular no arnês e retomar seu lugar de trabalho.
Dave tried to leap into the harness and reclaim his working spot.

Ele gritou, choramingou e gemeu, dividido entre a dor e o orgulho do trabalho de parto.
He yelped, whined, and cried, torn between pain and pride in labor.

O mestiço usou seu chicote para tentar afastar Dave do time.
The half-breed used his whip to try driving Dave away from the team.

Mas Dave ignorou o chicote, e o homem não conseguiu atingi-lo com mais força.
But Dave ignored the lash, and the man couldn't strike him harder.

Dave recusou o caminho mais fácil atrás do trenó, onde a neve estava compactada.
Dave refused the easier path behind the sled, where snow was packed.

Em vez disso, ele lutou na neve profunda ao lado da trilha, em sofrimento.
Instead, he struggled in the deep snow beside the trail, in misery.

Por fim, Dave desabou, ficando deitado na neve e gritando de dor.

Eventually, Dave collapsed, lying in the snow and howling in pain.

Ele gritou quando o longo trem de trenós passou por ele, um por um.

He cried out as the long train of sleds passed him one by one.

Mesmo assim, com as poucas forças que lhe restavam, ele se levantou e cambaleou atrás deles.

Still, with what strength remained, he rose and stumbled after them.

Ele o alcançou quando o trem parou novamente e encontrou seu velho trenó.

He caught up when the train stopped again and found his old sled.

Ele passou cambaleando pelos outros times e ficou ao lado de Solleks novamente.

He floundered past the other teams and stood beside Solleks again.

Quando o motorista parou para acender seu cachimbo, Dave aproveitou sua última chance.

As the driver paused to light his pipe, Dave took his last chance.

Quando o motorista retornou e gritou, a equipe não avançou.

When the driver returned and shouted, the team didn't move forward.

Os cães viraram a cabeça, confusos com a parada repentina.

The dogs had turned their heads, confused by the sudden stoppage.

O motorista também ficou chocado: o trenó não se moveu um centímetro para frente.

The driver was shocked too—the sled hadn't moved an inch forward.

Ele chamou os outros para virem ver o que tinha acontecido.

He called out to the others to come and see what had happened.

Dave mastigou as rédeas de Solleks, quebrando ambas.

Dave had chewed through Solleks's reins, breaking both apart.

Agora ele estava em frente ao trenó, de volta à sua posição correta.

Now he stood in front of the sled, back in his rightful position.

Dave olhou para o motorista, implorando silenciosamente para que ele permanecesse na pista.

Dave looked up at the driver, silently pleading to stay in the traces.

O motorista ficou confuso, sem saber o que fazer com o cachorro que estava sofrendo.

The driver was puzzled, unsure of what to do for the struggling dog.

Os outros homens falaram de cães que morreram por terem sido levados para passear.

The other men spoke of dogs who had died from being taken out.

Eles contaram sobre cães velhos ou feridos cujos corações se partiram quando deixados para trás.

They told of old or injured dogs whose hearts broke when left behind.

Eles concordaram que seria uma misericórdia deixar Dave morrer enquanto ele ainda estava usando seu cinto.

They agreed it was mercy to let Dave die while still in his harness.

Ele foi preso novamente ao trenó, e Dave puxou com orgulho.

He was fastened back onto the sled, and Dave pulled with pride.

Embora ele gritasse às vezes, ele trabalhava como se a dor pudesse ser ignorada.

Though he cried out at times, he worked as if pain could be ignored.

Mais de uma vez ele caiu e foi arrastado antes de se levantar novamente.

More than once he fell and was dragged before rising again.

Certa vez, o trenó passou por cima dele, e ele mancou a partir daquele momento.

Once, the sled rolled over him, and he limped from that moment on.

Mesmo assim, ele trabalhou até chegar ao acampamento e então ficou deitado perto do fogo.

Still, he worked until camp was reached, and then lay by the fire.

Pela manhã, Dave estava fraco demais para andar ou mesmo ficar em pé.

By morning, Dave was too weak to travel or even stand upright.

Na hora de arrear, ele tentou alcançar seu motorista com esforço trêmulo.

At harness-up time, he tried to reach his driver with trembling effort.

Ele se forçou a levantar, cambaleou e caiu no chão nevado.

He forced himself up, staggered, and collapsed onto the snowy ground.

Usando as patas dianteiras, ele arrastou o corpo em direção à área de arreios.

Using his front legs, he dragged his body toward the harnessing area.

Ele avançou, centímetro por centímetro, em direção aos cães de trabalho.

He hitched himself forward, inch by inch, toward the working dogs.

Suas forças acabaram, mas ele continuou se movendo em seu último esforço desesperado.

His strength gave out, but he kept moving in his last desperate push.

Seus companheiros de equipe o viram ofegante na neve, ainda ansioso para se juntar a eles.

His teammates saw him gasping in the snow, still longing to join them.

Eles o ouviram uivando de tristeza enquanto deixavam o acampamento para trás.

They heard him howling with sorrow as they left the camp behind.

Enquanto a equipe desaparecia nas árvores, o grito de Dave ecoou atrás deles.

As the team vanished into trees, Dave's cry echoed behind them.

O trem de trenó parou brevemente depois de cruzar um trecho de matagal perto do rio.

The sled train halted briefly after crossing a stretch of river timber.

O mestiço escocês caminhou lentamente de volta para o acampamento atrás.

The Scotch half-breed walked slowly back toward the camp behind.

Os homens pararam de falar quando o viram sair do trem de trenó.

The men stopped speaking when they saw him leave the sled train.

Então, um único tiro ecoou claro e agudo pela trilha.

Then a single gunshot rang out clear and sharp across the trail.

O homem retornou rapidamente e assumiu seu lugar sem dizer uma palavra.

The man returned quickly and took up his place without a word.

Chicotes estalavam, sinos tilintavam e os trenós rolavam pela neve.

Whips cracked, bells jingled, and the sleds rolled on through snow.

Mas Buck sabia o que tinha acontecido — e todos os outros cães também.

But Buck knew what had happened—and so did every other dog.

O Trabalho das Rédeas e da Trilha
The Toil of Reins and Trail

Trinta dias depois de deixar Dawson, o Salt Water Mail chegou a Skaguay.
Thirty days after leaving Dawson, the Salt Water Mail reached Skaguay.

Buck e seus companheiros assumiram a liderança, chegando em condições lamentáveis.
Buck and his teammates pulled the lead, arriving in pitiful condition.

Buck havia caído de cento e quarenta para cento e quinze libras.
Buck had dropped from one hundred forty to one hundred fifteen pounds.

Os outros cães, embora menores, perderam ainda mais peso corporal.
The other dogs, though smaller, had lost even more body weight.

Pike, que antes era um falso manco, agora arrastava uma perna realmente machucada atrás de si.
Pike, once a fake limper, now dragged a truly injured leg behind him.

Solleks estava mancando muito, e Dub tinha uma escápula deslocada.
Solleks was limping badly, and Dub had a wrenched shoulder blade.

Todos os cães da equipe estavam com dores nas patas devido às semanas na trilha congelada.
Every dog in the team was footsore from weeks on the frozen trail.

Eles não tinham mais elasticidade em seus passos, apenas um movimento lento e arrastado.
They had no spring left in their steps, only slow, dragging motion.

Seus pés batiam forte na trilha, e cada passo acrescentava mais tensão aos seus corpos.

Their feet hit the trail hard, each step adding more strain to their bodies.

Eles não estavam doentes, apenas esgotados além de qualquer recuperação natural.

They were not sick, only drained beyond all natural recovery.

Não era cansaço de um dia duro, curado com uma noite de descanso.

This was not tiredness from one hard day, cured with a night's rest.

Era uma exaustão construída lentamente ao longo de meses de esforço extenuante.

It was exhaustion built slowly through months of grueling effort.

Não havia mais nenhuma força de reserva, eles já tinham esgotado tudo o que tinham.

No reserve strength remained—they had used up every bit they had.

Cada músculo, fibra e célula em seus corpos estava gasto e desgastado.

Every muscle, fiber, and cell in their bodies was spent and worn.

E havia uma razão: eles percorreram mais de 4.000 quilômetros.

And there was a reason—they had covered twenty-five hundred miles.

Eles descansaram apenas cinco dias durante os últimos mil e oitocentos quilômetros.

They had rested only five days during the last eighteen hundred miles.

Quando chegaram a Skaguay, eles mal conseguiam ficar de pé.

When they reached Skaguay, they looked barely able to stand upright.

Eles lutaram para manter as rédeas firmes e ficar à frente do trenó.

They struggled to keep the reins tight and stay ahead of the sled.

Nas descidas, eles só conseguiram evitar serem atropelados.
On downhill slopes, they only managed to avoid being run over.

"Marchem, pobres pés doloridos", disse o motorista enquanto eles mancavam.
"March on, poor sore feet," the driver said as they limped along.

"Este é o último trecho, depois todos nós teremos um longo descanso, com certeza."
"This is the last stretch, then we all get one long rest, for sure."

"Um descanso realmente longo", ele prometeu, observando-os cambalear para a frente.
"One truly long rest," he promised, watching them stagger forward.

Os pilotos esperavam que agora teriam uma longa e necessária pausa.
The drivers expected they were going to now get a long, needed break.

Eles viajaram mil e duzentos quilômetros com apenas dois dias de descanso.
They had traveled twelve hundred miles with only two days' rest.

Por justiça e razão, eles sentiram que ganharam tempo para relaxar.
By fairness and reason, they felt they had earned time to relax.

Mas muitos foram ao Klondike e poucos ficaram em casa.
But too many had come to the Klondike, and too few had stayed home.

Cartas de famílias chegavam em massa, criando pilhas de correspondências atrasadas.
Letters from families flooded in, creating piles of delayed mail.

Ordens oficiais chegaram: novos cães da Baía de Hudson iriam assumir o controle.
Official orders arrived—new Hudson Bay dogs were going to take over.

Os cães exaustos, agora considerados inúteis, deveriam ser descartados.

The exhausted dogs, now called worthless, were to be disposed of.

Como o dinheiro importava mais que os cães, eles seriam vendidos por um preço baixo.

Since money mattered more than dogs, they were going to be sold cheaply.

Mais três dias se passaram antes que os cães percebessem o quão fracos estavam.

Three more days passed before the dogs felt just how weak they were.

Na quarta manhã, dois homens dos Estados Unidos compraram o time inteiro.

On the fourth morning, two men from the States bought the whole team.

A venda incluiu todos os cães, além de seus arreios usados.

The sale included all the dogs, plus their worn harness gear.

Os homens se chamavam de "Hal" e "Charles" enquanto concluíam o negócio.

The men called each other "Hal" and "Charles" as they completed the deal.

Charles era um homem de meia-idade, pálido, com lábios flácidos e pontas de bigode bem marcadas.

Charles was middle-aged, pale, with limp lips and fierce mustache tips.

Hal era um rapaz, talvez dezenove anos, que usava um cinto cheio de cartuchos.

Hal was a young man, maybe nineteen, wearing a cartridge-stuffed belt.

O cinto continha um grande revólver e uma faca de caça, ambos sem uso.

The belt held a big revolver and a hunting knife, both unused.

Isso mostrou o quão inexperiente e inadequado ele era para a vida no norte.

It showed how inexperienced and unfit he was for northern life.

Nenhum dos dois homens pertencia à natureza; suas presenças desafiavam toda a razão.

Neither man belonged in the wild; their presence defied all reason.

Buck observou o dinheiro sendo trocado entre o comprador e o agente.

Buck watched as money exchanged hands between buyer and agent.

Ele sabia que os maquinistas do trem postal estavam abandonando sua vida, assim como os demais.

He knew the mail-train drivers were leaving his life like the rest.

Eles seguiram Perrault e François, agora desaparecidos e irrecuperáveis.

They followed Perrault and François, now gone beyond recall.

Buck e a equipe foram levados ao acampamento desleixado de seus novos donos.

Buck and the team were led to their new owners' sloppy camp.

A barraca estava afundada, os pratos estavam sujos e tudo estava em desordem.

The tent sagged, dishes were dirty, and everything lay in disarray.

Buck também notou uma mulher ali — Mercedes, esposa de Charles e irmã de Hal.

Buck noticed a woman there too—Mercedes, Charles's wife and Hal's sister.

Eles formavam uma família completa, embora nada adequados à trilha.

They made a complete family, though far from suited to the trail.

Buck observou nervosamente o trio começar a embalar os suprimentos.

Buck watched nervously as the trio started packing the supplies.

Eles trabalharam duro, mas sem ordem — apenas confusão e esforço desperdiçado.

They worked hard but without order—just fuss and wasted effort.

A barraca foi enrolada em um formato volumoso, grande demais para o trenó.

The tent was rolled into a bulky shape, far too large for the sled.

Pratos sujos foram embalados sem serem limpos ou secos.

Dirty dishes were packed without being cleaned or dried at all.

Mercedes andava por aí, falando, corrigindo e se intrometendo constantemente.

Mercedes fluttered about, constantly talking, correcting, and meddling.

Quando um saco era colocado na frente, ela insistia que ele fosse colocado atrás.

When a sack was placed on front, she insisted it go on the back.

Ela colocou o saco no fundo e no momento seguinte ela precisou dele.

She packed the sack in the bottom, and the next moment she needed it.

Então o trenó foi desempacotado novamente para chegar àquela bolsa específica.

So the sled was unpacked again to reach the one specific bag.

Perto dali, três homens estavam do lado de fora de uma barraca, observando a cena se desenrolar.

Nearby, three men stood outside a tent, watching the scene unfold.

Eles sorriram, piscaram e riram da confusão óbvia dos recém-chegados.

They smiled, winked, and grinned at the newcomers' obvious confusion.

"Você já tem uma carga bem pesada", disse um dos homens.

"You've got a right heavy load already," said one of the men.

"Não acho que você deva carregar essa barraca, mas a escolha é sua."

"I don't think you should carry that tent, but it's your choice."

"Inimaginável!" gritou Mercedes, erguendo as mãos em desespero.

"Undreamed of!" cried Mercedes, throwing up her hands in despair.

"Como eu poderia viajar sem uma barraca para ficar?"

"How could I possibly travel without a tent to stay under?"

"É primavera — você não verá mais frio", respondeu o homem.

"It's springtime—you won't see cold weather again," the man replied.

Mas ela balançou a cabeça, e eles continuaram empilhando itens no trenó.

But she shook her head, and they kept piling items onto the sled.

A carga subiu perigosamente enquanto eles adicionavam as coisas finais.

The load towered dangerously high as they added the final things.

"Você acha que o trenó vai andar?" perguntou um dos homens com um olhar cético.

"Think the sled will ride?" asked one of the men with a skeptical look.

"Por que não?", Charles retrucou com grande irritação.

"Why shouldn't it?" Charles snapped back with sharp annoyance.

"Ah, está tudo bem", disse o homem rapidamente, afastando-se da ofensa.

"Oh, that's all right," the man said quickly, backing away from offense.

"Eu só estava pensando — pareceu um pouco pesado demais para mim."

"I was only wondering—it just looked a bit too top-heavy to me."

Charles se virou e amarrou a carga da melhor maneira que pôde.

Charles turned away and tied down the load as best as he could.

Mas as amarrações estavam frouxas e a embalagem, no geral, estava mal feita.

But the lashings were loose and the packing poorly done overall.

"Claro, os cães vão fazer isso o dia todo", disse outro homem sarcasticamente.

"Sure, the dogs will pull that all day," another man said sarcastically.

"Claro", respondeu Hal friamente, agarrando o longo mastro do trenó.

"Of course," Hal replied coldly, grabbing the sled's long gee-pole.

Com uma mão no mastro, ele balançava o chicote na outra.

With one hand on the pole, he swung the whip in the other.

"Vamos!", gritou ele. "Andem logo!", incitando os cães a se mexerem.

"Let's go!" he shouted. "Move it!" urging the dogs to start.

Os cães se inclinaram no arreio e se esforçaram por alguns momentos.

The dogs leaned into the harness and strained for a few moments.

Então eles pararam, incapazes de mover o trenó sobrecarregado um centímetro sequer.

Then they stopped, unable to budge the overloaded sled an inch.

"Que brutos preguiçosos!" Hal gritou, levantando o chicote para atacá-los.

"The lazy brutes!" Hal yelled, lifting the whip to strike them.

Mas Mercedes correu e pegou o chicote das mãos de Hal.

But Mercedes rushed in and seized the whip from Hal's hands.

"Oh, Hal, não ouse machucá-los", ela gritou alarmada.

"Oh, Hal, don't you dare hurt them," she cried in alarm.

"Prometa-me que será gentil com eles, ou não darei mais nenhum passo."

"Promise me you'll be kind to them, or I won't go another step."

"Você não sabe nada sobre cachorros", Hal retrucou para sua irmã.

"You don't know a thing about dogs," Hal snapped at his sister.

"Eles são preguiçosos, e a única maneira de movê-los é chicoteá-los."

"They're lazy, and the only way to move them is to whip them."

"Pergunte a qualquer um — pergunte a um daqueles homens ali se você duvida de mim."

"Ask anyone—ask one of those men over there if you doubt me."

Mercedes olhou para os espectadores com olhos suplicantes e lacrimejantes.

Mercedes looked at the onlookers with pleading, tearful eyes.

Seu rosto mostrava o quanto ela odiava a visão de qualquer dor.

Her face showed how deeply she hated the sight of any pain.

"Eles estão fracos, só isso", disse um homem. "Estão exaustos."

"They're weak, that's all," one man said. "They're worn out."

"Eles precisam de descanso, pois trabalharam muito tempo sem fazer uma pausa."

"They need rest—they've been worked too long without a break."

"Que o resto seja amaldiçoado", Hal murmurou com o lábio curvado.

"Rest be cursed," Hal muttered with his lip curled.

Mercedes engasgou, claramente magoada com a palavra grosseira dele.

Mercedes gasped, clearly pained by the coarse word from him.

Mesmo assim, ela permaneceu leal e defendeu seu irmão instantaneamente.

Still, she stayed loyal and instantly defended her brother.

"Não ligue para aquele homem", disse ela a Hal. "Eles são nossos cachorros."

"Don't mind that man," she said to Hal. "They're our dogs."

"Você os dirige como achar melhor — faça o que achar certo."

"You drive them as you see fit—do what you think is right."

Hal levantou o chicote e golpeou os cães novamente sem piedade.

Hal raised the whip and struck the dogs again without mercy.

Eles avançaram, com os corpos abaixados e os pés fincados na neve.

They lunged forward, bodies low, feet pushing into the snow.

Toda a força deles foi direcionada para puxar, mas o trenó não se movia.

All their strength went into the pull, but the sled wasn't moving.

O trenó ficou preso, como uma âncora congelada na neve compactada.

The sled stayed stuck, like an anchor frozen into the packed snow.

Após uma segunda tentativa, os cães pararam novamente, ofegando intensamente.

After a second effort, the dogs stopped again, panting hard.

Hal levantou o chicote mais uma vez, no momento em que Mercedes interferiu novamente.

Hal raised the whip once more, just as Mercedes interfered again.

Ela caiu de joelhos na frente de Buck e abraçou seu pescoço.

She dropped to her knees in front of Buck and hugged his neck.

Lágrimas encheram seus olhos enquanto ela implorava ao cachorro exausto.

Tears filled her eyes as she pleaded with the exhausted dog.

"Coitados", ela disse, "por que vocês não puxam com mais força?"

"You poor dears," she said, "why don't you just pull harder?"

"Se você puxar, não será chicoteado desse jeito."

"If you pull, then you won't get to be whipped like this."

Buck não gostava de Mercedes, mas estava cansado demais para resistir a ela agora.

Buck disliked Mercedes, but he was too tired to resist her now.

Ele aceitou as lágrimas dela como apenas mais uma parte daquele dia miserável.

He accepted her tears as just another part of the miserable day.

Um dos homens que assistiam finalmente falou depois de conter sua raiva.

One of the watching men finally spoke after holding back his anger.

"Não me importa o que aconteça com vocês, mas esses cães são importantes."

"I don't care what happens to you folks, but those dogs matter."

"Se você quiser ajudar, solte esse trenó, ele está congelado na neve."

"If you want to help, break that sled loose—it's frozen to the snow."

"Empurre o mastro com força, para a direita e para a esquerda, e quebre a camada de gelo."

"Push hard on the gee-pole, right and left, and break the ice seal."

Uma terceira tentativa foi feita, desta vez seguindo a sugestão do homem.

A third attempt was made, this time following the man's suggestion.

Hal balançou o trenó de um lado para o outro, soltando os patins.

Hal rocked the sled from side to side, breaking the runners loose.

O trenó, embora sobrecarregado e desajeitado, finalmente deu um solavanco para a frente.

The sled, though overloaded and awkward, finally lurched forward.

Buck e os outros puxavam descontroladamente, impulsionados por uma tempestade de chicotadas.

Buck and the others pulled wildly, driven by a storm of whiplashes.

Cem metros à frente, a trilha fazia uma curva e descia até a rua.

A hundred yards ahead, the trail curved and sloped into the street.

Seria necessário um motorista habilidoso para manter o trenó na posição vertical.

It was going to have taken a skilled driver to keep the sled upright.

Hal não era habilidoso, e o trenó tombou ao fazer a curva.

Hal was not skilled, and the sled tipped as it swung around the bend.

As amarras frouxas cederam e metade da carga caiu na neve.

Loose lashings gave way, and half the load spilled onto the snow.

Os cães não pararam; o trenó mais leve voou de lado.

The dogs did not stop; the lighter sled flew along on its side.

Irritados com os abusos e o fardo pesado, os cães correram mais rápido.

Angry from abuse and the heavy burden, the dogs ran faster.

Buck, furioso, começou a correr, com a equipe seguindo atrás.

Buck, in fury, broke into a run, with the team following behind.

Hal gritou "Uau! Uau!", mas a equipe não lhe deu atenção.

Hal shouted "Whoa! Whoa!" but the team paid no attention to him.

Ele tropeçou, caiu e foi arrastado pelo chão pelo arnês.

He tripped, fell, and was dragged along the ground by the harness.

O trenó virado passou por cima dele enquanto os cães corriam na frente.

The overturned sled bumped over him as the dogs raced on ahead.

O restante dos suprimentos foi espalhado pela movimentada rua de Skaguay.

The rest of the supplies scattered across Skaguay's busy street.

Pessoas bondosas correram para parar os cães e recolher os equipamentos.

Kind-hearted people rushed to stop the dogs and gather the gear.

Eles também deram conselhos diretos e práticos aos novos viajantes.

They also gave advice, blunt and practical, to the new travelers.

"Se você quiser chegar a Dawson, leve metade da carga e o dobro dos cães."

"If you want to reach Dawson, take half the load and double the dogs."

Hal, Charles e Mercedes ouviram, embora não com entusiasmo.

Hal, Charles, and Mercedes listened, though not with enthusiasm.

Eles montaram suas barracas e começaram a separar seus suprimentos.

They pitched their tent and started sorting through their supplies.

Saíram alimentos enlatados, o que fez os espectadores rirem alto.

Out came canned goods, which made onlookers laugh aloud.

"Enlatados na trilha? Você vai morrer de fome antes que derreta", disse um deles.

"Canned stuff on the trail? You'll starve before that melts," one said.

"Cobertores de hotel? É melhor jogar tudo fora."

"Hotel blankets? You're better off throwing them all out."

"Tirem a barraca também, e ninguém lava louça aqui."

"Ditch the tent, too, and no one washes dishes here."

"Você acha que está viajando em um trem Pullman com empregados a bordo?"

"You think you're riding a Pullman train with servants on board?"

O processo começou: todos os itens inúteis foram jogados de lado.

The process began—every useless item was tossed to the side.

Mercedes chorou quando suas malas foram esvaziadas no chão coberto de neve.

Mercedes cried when her bags were emptied onto the snowy ground.

Ela soluçava por cada item jogado fora, um por um, sem parar.

She sobbed over every item thrown out, one by one without pause.

Ela jurou não dar mais um passo — nem mesmo por dez Charleses.

She vowed not to go one more step—not even for ten Charleses.

Ela implorou a cada pessoa próxima que a deixasse ficar com suas coisas preciosas.

She begged each person nearby to let her keep her precious things.

Por fim, ela enxugou os olhos e começou a jogar fora até as roupas vitais.

At last, she wiped her eyes and began tossing even vital clothes.

Quando terminou de lavar as suas roupas, ela começou a esvaziar os suprimentos dos homens.

When done with her own, she began emptying the men's supplies.

Como um redemoinho, ela destruiu os pertences de Charles e Hal.

Like a whirlwind, she tore through Charles and Hal's belongings.

Embora a carga tenha sido reduzida pela metade, ela ainda era muito mais pesada do que o necessário.

Though the load was halved, it was still far heavier than needed.

Naquela noite, Charles e Hal saíram e compraram seis novos cães.

That night, Charles and Hal went out and bought six new dogs.

Esses novos cães se juntaram aos seis originais, além de Teek e Koona.

These new dogs joined the original six, plus Teek and Koona.

Juntos, eles formaram uma equipe de quatorze cães atrelados ao trenó.

Together they made a team of fourteen dogs hitched to the sled.

Mas os novos cães eram inadequados e mal treinados para o trabalho de trenó.

But the new dogs were unfit and poorly trained for sled work.

Três dos cães eram pointers de pelo curto, e um era um Terra-Nova.

Three of the dogs were short-haired pointers, and one was a Newfoundland.

Os dois últimos cães eram vira-latas, sem raça ou propósito claro.

The final two dogs were mutts of no clear breed or purpose at all.

Eles não entendiam a trilha e não a aprenderam rapidamente.

They didn't understand the trail, and they didn't learn it quickly.

Buck e seus companheiros os observavam com desprezo e profunda irritação.

Buck and his mates watched them with scorn and deep irritation.

Embora Buck lhes tenha ensinado o que não fazer, ele não conseguiu ensinar o que é dever.

Though Buck taught them what not to do, he could not teach duty.

Eles não se adaptaram bem à vida nas trilhas nem à tração de rédeas e trenós.

They didn't take well to trail life or the pull of reins and sleds.

Somente os vira-latas tentaram se adaptar, e mesmo eles não tinham espírito de luta.

Only the mongrels tried to adapt, and even they lacked fighting spirit.

Os outros cães estavam confusos, enfraquecidos e destruídos pela nova vida.

The other dogs were confused, weakened, and broken by their new life.

Com os novos cães sem noção e os antigos exaustos, a esperança era tênue.

With the new dogs clueless and the old ones exhausted, hope was thin.

A equipe de Buck percorreu mais de 4.000 quilômetros de trilhas acidentadas.

Buck's team had covered twenty-five hundred miles of harsh trail.

Ainda assim, os dois homens estavam alegres e orgulhosos de sua grande equipe de cães.

Still, the two men were cheerful and proud of their large dog team.

Eles achavam que estavam viajando com estilo, com quatorze cachorros atrelados.

They thought they were traveling in style, with fourteen dogs hitched.

Eles viram trenós partindo para Dawson e outros chegando de lá.

They had seen sleds leave for Dawson, and others arrive from it.

Mas nunca tinham visto um puxado por mais de quatorze cães.

But never had they seen one pulled by as many as fourteen dogs.

Havia uma razão pela qual essas equipes eram raras na natureza selvagem do Ártico.

There was a reason such teams were rare in the Arctic wilderness.

Nenhum trenó conseguia transportar comida suficiente para alimentar quatorze cães durante a viagem.

No sled could carry enough food to feed fourteen dogs for the trip.

Mas Charles e Hal não sabiam disso — eles tinham feito as contas.

But Charles and Hal didn't know that—they had done the math.

Eles planejaram a comida: uma quantidade por cão, para muitos dias, e pronto.

They penciled out the food: so much per dog, so many days, done.

Mercedes olhou para as figuras e assentiu como se fizesse sentido.

Mercedes looked at their figures and nodded as if it made sense.

Tudo parecia muito simples para ela, pelo menos no papel.

It all seemed very simple to her, at least on paper.

Na manhã seguinte, Buck liderou a equipe lentamente pela rua coberta de neve.

The next morning, Buck led the team slowly up the snowy street.

Não havia energia nem ânimo nele nem nos cães atrás dele.

There was no energy or spirit in him or the dogs behind him.

Eles estavam mortos de cansaço desde o início: não havia mais nenhuma reserva.

They were dead tired from the start—there was no reserve left.

Buck já havia feito quatro viagens entre Salt Water e Dawson.

Buck had made four trips between Salt Water and Dawson already.

Agora, diante da mesma trilha novamente, ele não sentia nada além de amargura.

Now, faced with the same trail again, he felt nothing but bitterness.

O coração dele não estava nisso, nem o dos outros cães.

His heart was not in it, nor were the hearts of the other dogs.

Os novos cães eram tímidos, e os huskies não demonstravam nenhuma confiança.

The new dogs were timid, and the huskies lacked all trust.

Buck sentiu que não podia confiar nesses dois homens ou na irmã deles.

Buck sensed he could not rely on these two men or their sister.

Eles não sabiam de nada e não mostraram sinais de aprendizado na trilha.

They knew nothing and showed no signs of learning on the trail.

Eles eram desorganizados e não tinham nenhum senso de disciplina.

They were disorganized and lacked any sense of discipline.

Eles levavam metade da noite para montar um acampamento desleixado em cada uma delas.

It took them half the night to set up a sloppy camp each time.

E eles passaram metade da manhã seguinte mexendo no trenó novamente.

And half the next morning they spent fumbling with the sled again.

Ao meio-dia, eles geralmente paravam apenas para consertar a carga irregular.

By noon, they often stopped just to fix the uneven load.

Em alguns dias, eles viajaram menos de dezesseis quilômetros no total.

On some days, they traveled less than ten miles in total.

Em outros dias, eles não conseguiam sair do acampamento.

Other days, they didn't manage to leave camp at all.

Eles nunca chegaram perto de cobrir a distância planejada para levar comida.

They never came close to covering the planned food-distance.

Como esperado, eles ficaram sem comida para os cães muito rapidamente.

As expected, they ran short on food for the dogs very quickly.

Eles pioraram a situação ao superalimentar nos primeiros dias.

They made matters worse by overfeeding in the early days.

Isso fazia com que a fome se aproximasse a cada ração descuidada.

This brought starvation closer with every careless ration.

Os novos cães não aprenderam a sobreviver com muito pouco.

The new dogs had not learned to survive on very little.

Eles comeram com fome, com apetites grandes demais para a trilha.

They ate hungrily, with appetites too large for the trail.

Vendo os cães enfraquecerem, Hal acreditou que a comida não era suficiente.

Seeing the dogs weaken, Hal believed the food wasn't enough.

Ele dobrou as rações, piorando ainda mais o erro.

He doubled the rations, making the mistake even worse.

Mercedes agravou o problema com lágrimas e súplicas suaves.

Mercedes added to the problem with tears and soft pleading.

Quando ela não conseguiu convencer Hal, ela alimentou os cães em segredo.

When she couldn't convince Hal, she fed the dogs in secret.

Ela roubou alguns sacos de peixe e deu para eles pelas costas dele.

She stole from the fish sacks and gave it to them behind his back.

Mas o que os cães realmente precisavam não era de mais comida, era de descanso.

But what the dogs truly needed wasn't more food—it was rest.

Eles estavam avançando muito rápido, mas o pesado trenó ainda se arrastava.

They were making poor time, but the heavy sled still dragged on.

Esse peso por si só drenava as forças que restavam a cada dia.

That weight alone drained their remaining strength each day.

Depois veio a fase da subalimentação, pois os suprimentos estavam acabando.

Then came the stage of underfeeding as the supplies ran low.

Hal percebeu uma manhã que metade da comida do cachorro já tinha acabado.

Hal realized one morning that half the dog food was already gone.

Eles percorreram apenas um quarto da distância total da trilha.

They had only traveled a quarter of the total trail distance.

Não era mais possível comprar comida, não importava o preço oferecido.

No more food could be bought, no matter what price was offered.

Ele reduziu as porções dos cães abaixo da ração diária padrão.

He reduced the dogs' portions below the standard daily ration.

Ao mesmo tempo, ele exigiu viagens mais longas para compensar a perda.

At the same time, he demanded longer travel to make up for loss.

Mercedes e Charles apoiaram o plano, mas falharam na execução.

Mercedes and Charles supported this plan, but failed in execution.

O trenó pesado e a falta de habilidade tornavam o progresso quase impossível.

Their heavy sled and lack of skill made progress nearly impossible.

Era fácil dar menos comida, mas impossível forçar mais esforço.

It was easy to give less food, but impossible to force more effort.

Eles não podiam começar cedo, nem viajar por horas extras.

They couldn't start early, nor could they travel for extra hours.

Eles não sabiam como lidar com os cães, nem com eles mesmos.

They didn't know how to work the dogs, nor themselves, for that matter.

O primeiro cachorro a morrer foi Dub, o ladrão azarado, mas trabalhador.

The first dog to die was Dub, the unlucky but hardworking thief.

Embora frequentemente punido, Dub fez sua parte sem reclamar.

Though often punished, Dub had pulled his weight without complaint.

Seu ombro machucado piorou sem cuidados ou necessidade de descanso.

His injured shoulder grew worse without care or needed rest.

Por fim, Hal usou o revólver para acabar com o sofrimento de Dub.

Finally, Hal used the revolver to end Dub's suffering.

Um ditado comum afirma que cães normais morrem com rações de huskies.

A common saying claimed that normal dogs die on husky rations.

Os seis novos companheiros de Buck tinham apenas metade da comida do husky.

Buck's six new companions had only half the husky's share of food.

O Terra Nova morreu primeiro, depois os três pointers de pelo curto.

The Newfoundland died first, then the three short-haired pointers.

Os dois vira-latas resistiram mais, mas finalmente pereceram como os demais.

The two mongrels held on longer but finally perished like the rest.

Nessa época, todas as comodidades e gentilezas do Southland já tinham desaparecido.

By this time, all the amenities and gentleness of the Southland were gone.

As três pessoas haviam se livrado dos últimos vestígios de sua educação civilizada.

The three people had shed the last traces of their civilized upbringing.

Desprovida de glamour e romance, a viagem ao Ártico se tornou brutalmente real.

Stripped of glamour and romance, Arctic travel became brutally real.

Era uma realidade dura demais para seu senso de masculinidade e feminilidade.

It was a reality too harsh for their sense of manhood and womanhood.

Mercedes não chorava mais pelos cachorros, mas agora chorava apenas por si mesma.

Mercedes no longer wept for the dogs, but now wept only for herself.

Ela passou o tempo chorando e brigando com Hal e Charles.

She spent her time crying and quarreling with Hal and Charles.

Brigar era a única coisa que eles nunca estavam cansados de fazer.

Quarreling was the one thing they were never too tired to do.

A irritabilidade deles vinha da miséria, crescia com ela e a superava.

Their irritability came from misery, grew with it, and surpassed it.

A paciência da trilha, conhecida por aqueles que trabalham e sofrem gentilmente, nunca chegou.

The patience of the trail, known to those who toil and suffer kindly, never came.

Aquela paciência, que mantém a fala doce em meio à dor, era desconhecida para eles.

That patience, which keeps speech sweet through pain, was unknown to them.

Eles não tinham nenhum pingo de paciência, nenhuma força extraída do sofrimento com graça.

They had no hint of patience, no strength drawn from suffering with grace.

Eles estavam rígidos de dor — dores nos músculos, ossos e corações.

They were stiff with pain—aching in their muscles, bones, and hearts.

Por isso, eles se tornaram afiados na língua e rápidos nas palavras duras.

Because of this, they grew sharp of tongue and quick with harsh words.

Cada dia começava e terminava com vozes raivosas e reclamações amargas.

Each day began and ended with angry voices and bitter complaints.

Charles e Hal brigavam sempre que Mercedes lhes dava uma chance.

Charles and Hal wrangled whenever Mercedes gave them a chance.

Cada homem acreditava que fazia mais do que sua parte do trabalho.

Each man believed he did more than his fair share of the work.

Nenhum dos dois perdeu a oportunidade de dizer isso, repetidas vezes.

Neither ever missed a chance to say so, again and again.

Às vezes Mercedes ficava do lado de Charles, às vezes do lado de Hal.

Sometimes Mercedes sided with Charles, sometimes with Hal.

Isso levou a uma grande e interminável discussão entre os três.

This led to a grand and endless quarrel among the three.

Uma disputa sobre quem deveria cortar lenha saiu do controle.

A dispute over who should chop firewood grew out of control.

Logo, pais, mães, primos e parentes mortos foram nomeados.

Soon, fathers, mothers, cousins, and dead relatives were named.

As opiniões de Hal sobre arte ou as peças de seu tio se tornaram parte da briga.

Hal's views on art or his uncle's plays became part of the fight.

As convicções políticas de Charles também entraram no debate.

Charles's political beliefs also entered the debate.

Para Mercedes, até as fofocas da irmã do marido pareciam relevantes.

To Mercedes, even her husband's sister's gossip seemed relevant.

Ela expressou opiniões sobre isso e sobre muitas das falhas da família de Charles.

She aired opinions on that and on many of Charles's family's flaws.

Enquanto eles discutiam, o fogo permaneceu apagado e o acampamento estava meio armado.

While they argued, the fire stayed unlit and camp half set.

Enquanto isso, os cães continuaram com frio e sem comida.

Meanwhile, the dogs remained cold and without any food.

Mercedes tinha uma queixa que considerava profundamente pessoal.

Mercedes held a grievance she considered deeply personal.

Ela se sentiu maltratada como mulher e teve seus privilégios de gentil negados.

She felt mistreated as a woman, denied her gentle privileges.

Ela era bonita e gentil, e acostumada ao cavalheirismo durante toda a vida.

She was pretty and soft, and used to chivalry all her life.

Mas seu marido e seu irmão agora a tratavam com impaciência.

But her husband and brother now treated her with impatience.

O hábito dela era agir de forma desamparada, e eles começaram a reclamar.

Her habit was to act helpless, and they began to complain.

Ofendida com isso, ela tornou a vida deles ainda mais difícil.

Offended by this, she made their lives all the more difficult.

Ela ignorou os cães e insistiu em andar de trenó sozinha.

She ignored the dogs and insisted on riding the sled herself.

Embora de aparência leve, ela pesava 60 quilos.

Though light in looks, she weighed one hundred twenty pounds.

Esse fardo adicional era demais para os cães famintos e fracos.

That added burden was too much for the starving, weak dogs.

Mesmo assim, ela cavalgou por dias, até que os cães desabaram nas rédeas.

Still, she rode for days, until the dogs collapsed in the reins.

O trenó parou, e Charles e Hal imploraram para que ela andasse.

The sled stood still, and Charles and Hal begged her to walk.

Eles imploraram e suplicaram, mas ela chorou e os chamou de cruéis.

They pleaded and entreated, but she wept and called them cruel.

Em uma ocasião, eles a puxaram para fora do trenó com muita força e raiva.

On one occasion, they pulled her off the sled with sheer force and anger.

Eles nunca mais tentaram depois do que aconteceu daquela vez.

They never tried again after what happened that time.

Ela ficou mole como uma criança mimada e sentou-se na neve.

She went limp like a spoiled child and sat in the snow.

Eles seguiram em frente, mas ela se recusou a se levantar ou segui-los.

They moved on, but she refused to rise or follow behind.

Depois de três milhas, eles pararam, retornaram e a carregaram de volta.

After three miles, they stopped, returned, and carried her back.

Eles a recarregaram no trenó, novamente usando força bruta.

They reloaded her onto the sled, again using brute strength.

Em sua profunda miséria, eles eram insensíveis ao sofrimento dos cães.

In their deep misery, they were callous to the dogs' suffering.

Hal acreditava que era preciso endurecer as pessoas e
forçava essa crença aos outros.

Hal believed one must get hardened and forced that belief on
others.

Ele primeiro tentou pregar sua filosofia para sua irmã

He first tried to preach his philosophy to his sister

e então, sem sucesso, ele pregou para seu cunhado.

and then, without success, he preached to his brother-in-law.

Ele teve mais sucesso com os cães, mas apenas porque os
machucou.

He had more success with the dogs, but only because he hurt
them.

No Five Fingers, a comida do cachorro acabou
completamente.

At Five Fingers, the dog food ran out of food completely.

Uma velha índia desdentada vendeu alguns quilos de couro
de cavalo congelado

A toothless old squaw sold a few pounds of frozen horse-hide

Hal trocou seu revólver pelo couro de cavalo seco.

Hal traded his revolver for the dried horse-hide.

A carne vinha de cavalos famintos de pecuaristas meses
antes.

The meat had come from starved horses of cattlemen months
before.

Congelada, a pele era como ferro galvanizado: dura e
intragável.

Frozen, the hide was like galvanized iron; tough and inedible.

Os cães tinham que mastigar sem parar o couro para comê-
lo.

The dogs had to chew endlessly at the hide to eat it.

Mas as cordas coriáceas e os pelos curtos dificilmente
serviam de alimento.

But the leathery strings and short hair were hardly
nourishment.

A maior parte da pele era irritante e não era comida no
sentido verdadeiro.

Most of the hide was irritating, and not food in any true sense.

E durante todo esse tempo, Buck cambaleou na frente, como em um pesadelo.

And through it all, Buck staggered at the front, like in a nightmare.

Ele puxava quando podia; quando não, ficava deitado até que o chicote ou o porrete o levantassem.

He pulled when able; when not, he lay until whip or club raised him.

Sua pelagem fina e brilhante havia perdido toda a rigidez e o brilho que outrora possuía.

His fine, glossy coat had lost all stiffness and sheen it once had.

Seus cabelos estavam caídos, desgrenhados e cobertos de sangue seco dos golpes.

His hair hung limp, draggled, and clotted with dried blood from the blows.

Seus músculos encolheram até virarem cordas, e suas almofadas de carne estavam todas desgastadas.

His muscles shrank to cords, and his flesh pads were all worn away.

Cada costela, cada osso aparecia claramente através de dobras de pele enrugada.

Each rib, each bone showed clearly through folds of wrinkled skin.

Foi de partir o coração, mas o coração de Buck não pôde se partir.

It was heartbreaking, yet Buck's heart could not break.

O homem do suéter vermelho já havia testado e provado isso há muito tempo.

The man in the red sweater had tested that and proved it long ago.

Assim como aconteceu com Buck, aconteceu com todos os seus companheiros de equipe restantes.

As it was with Buck, so it was with all his remaining teammates.

Eram sete no total, cada um deles um esqueleto ambulante de miséria.

There were seven in total, each one a walking skeleton of misery.

Eles ficaram insensíveis ao chicote, sentindo apenas uma dor distante.

They had grown numb to lash, feeling only distant pain.

Até mesmo a visão e o som chegavam até eles fracamente, como se estivessem através de uma névoa espessa.

Even sight and sound reached them faintly, as through a thick fog.

Eles não estavam meio vivos — eram ossos com faíscas fracas dentro.

They were not half alive—they were bones with dim sparks inside.

Quando parados, eles desmoronavam como cadáveres, com suas faíscas quase apagadas.

When stopped, they collapsed like corpses, their sparks almost gone.

E quando o chicote ou o porrete batiam novamente, as faíscas tremulavam fracamente.

And when the whip or club struck again, the sparks fluttered weakly.

Então eles se levantaram, cambalearam para a frente e arrastaram seus membros para a frente.

Then they rose, staggered forward, and dragged their limbs ahead.

Um dia, o gentil Billee caiu e não conseguiu mais se levantar.

One day kind Billee fell and could no longer rise at all.

Hal havia trocado seu revólver, então ele usou um machado para matar Billee.

Hal had traded his revolver, so he used an axe to kill Billee instead.

Ele o atingiu na cabeça, então libertou seu corpo e o arrastou para longe.

He struck him on the head, then cut his body free and dragged it away.

Buck viu isso, e os outros também; eles sabiam que a morte estava próxima.

Buck saw this, and so did the others; they knew death was near.

No dia seguinte, Koona foi embora, deixando apenas cinco cães no grupo faminto.

Next day Koona went, leaving just five dogs in the starving team.

Joe não era mais mau, estava muito malvado para ter consciência de qualquer coisa.

Joe, no longer mean, was too far gone to be aware of much at all.

Pike, sem fingir mais o ferimento, estava quase inconsciente.

Pike, no longer faking his injury, was barely conscious.

Solleks, ainda fiel, lamentou não ter forças para dar.

Solleks, still faithful, mourned he had no strength to give.

Teek foi o mais derrotado porque estava mais descansado, mas estava perdendo força rapidamente.

Teek was beaten most because he was fresher, but fading fast.

E Buck, ainda na liderança, não mais mantinha a ordem nem a aplicava.

And Buck, still in the lead, no longer kept order or enforced it.

Meio cego de fraqueza, Buck seguiu a trilha apenas pelo tato.

Half blind with weakness, Buck followed the trail by feel alone.

O clima era lindo de primavera, mas nenhum deles percebeu.

It was beautiful spring weather, but none of them noticed it.

A cada dia o sol nascia mais cedo e se punha mais tarde do que antes.

Each day the sun rose earlier and set later than before.

Às três da manhã, o amanhecer chegou; o crepúsculo durou até as nove.

By three in the morning, dawn had come; twilight lasted till nine.

Os longos dias eram preenchidos com o brilho intenso do sol da primavera.

The long days were filled with the full blaze of spring sunshine.

O silêncio fantasmagórico do inverno havia se transformado em um murmúrio quente.

The ghostly silence of winter had changed into a warm murmur.

Toda a terra estava desperta, viva com a alegria dos seres vivos.

All the land was waking, alive with the joy of living things.

O som vinha daquilo que havia permanecido morto e imóvel durante o inverno.

The sound came from what had lain dead and still through winter.

Agora, essas coisas se moviam novamente, sacudindo o longo sono congelado.

Now, those things moved again, shaking off the long frost sleep.

A seiva subia pelos troncos escuros dos pinheiros que esperavam.

Sap was rising through the dark trunks of the waiting pine trees.

Salgueiros e álamos produzem brotos jovens e brilhantes em cada galho.

Willows and aspens burst out bright young buds on each twig.

Arbustos e trepadeiras ganharam um verde fresco enquanto a floresta ganhava vida.

Shrubs and vines put on fresh green as the woods came alive.

Os grilos cantavam à noite e os insetos rastejavam sob o sol do dia.

Crickets chirped at night, and bugs crawled in daylight sun.

As perdizes rugiam e os pica-paus batiam fundo nas árvores.

Partridges boomed, and woodpeckers knocked deep in the trees.

Os esquilos tagarelavam, os pássaros cantavam e os gansos grasnavam para os cães.

Squirrels chattered, birds sang, and geese honked over the dogs.

As aves selvagens vinham em bandos afiados, voando do sul.

The wild-fowl came in sharp wedges, flying up from the south.

De cada encosta vinha a música de riachos escondidos e caudalosos.

From every hillside came the music of hidden, rushing streams.

Todas as coisas descongelaram e estalaram, dobraram-se e voltaram a se mover.

All things thawed and snapped, bent and burst back into motion.

O Yukon se esforçou para quebrar as correntes frias de gelo congelado.

The Yukon strained to break the cold chains of frozen ice.

O gelo derreteu por baixo, enquanto o sol o derreteu por cima.

The ice melted underneath, while the sun melted it from above.

Buracos de ar se abriram, rachaduras se espalharam e pedaços caíram no rio.

Air-holes opened, cracks spread, and chunks fell into the river.

Em meio a toda essa vida explosiva e flamejante, os viajantes cambaleavam.

Amid all this bursting and blazing life, the travelers staggered.

Dois homens, uma mulher e uma matilha de huskies caminhavam como mortos.

Two men, a woman, and a pack of huskies walked like the dead.

Os cães estavam caindo, Mercedes chorava, mas ainda andava no trenó.

The dogs were falling, Mercedes wept, but still rode the sled.

Hal praguejou fracamente, e Charles piscou com os olhos lacrimejantes.

Hal cursed weakly, and Charles blinked through watering eyes.

Eles tropeçaram no acampamento de John Thornton, na foz do Rio Branco.

They stumbled into John Thornton's camp by White River's mouth.

Quando pararam, os cães caíram no chão, como se estivessem todos mortos.

When they stopped, the dogs dropped flat, as if all struck dead.

Mercedes enxugou as lágrimas e olhou para John Thornton.

Mercedes wiped her tears and looked across at John Thornton.

Charles sentou-se em um tronco, lenta e rigidamente, dolorido por causa da trilha.

Charles sat on a log, slowly and stiffly, aching from the trail.

Hal falou enquanto Thornton esculpia a ponta de um cabo de machado.

Hal did the talking as Thornton carved the end of an axe-handle.

Ele talhou madeira de bétula e respondeu com respostas breves e firmes.

He whittled birch wood and answered with brief, firm replies.

Quando questionado, ele deu conselhos, certo de que não seriam seguidos.

When asked, he gave advice, certain it wasn't going to be followed.

Hal explicou: "Eles nos disseram que o gelo da trilha estava derretendo."

Hal explained, "They told us the trail ice was dropping out."

"Disseram que deveríamos ficar parados, mas chegamos a White River."

"They said we should stay put—but we made it to White River."

Ele terminou com um tom de escárnio, como se quisesse reivindicar vitória em meio às dificuldades.

He ended with a sneering tone, as if to claim victory in hardship.

"E eles lhe disseram a verdade", John Thornton respondeu calmamente a Hal.

"And they told you true," John Thornton answered Hal quietly.

"O gelo pode ceder a qualquer momento. Ele está pronto para cair."

"The ice may give way at any moment—it's ready to drop out."

"Só a sorte cega e os tolos poderiam ter chegado tão longe com vida."

"Only blind luck and fools could have made it this far alive."

"Vou lhe dizer francamente: eu não arriscaria minha vida por todo o ouro do Alasca."

"I tell you straight, I wouldn't risk my life for all Alaska's gold."

"É porque você não é tolo, eu acho", respondeu Hal.

"That's because you're not a fool, I suppose," Hal answered.

"Mesmo assim, iremos para Dawson." Ele desenrolou seu chicote.

"All the same, we'll go on to Dawson." He uncoiled his whip.

"Sobe aí, Buck! Oi! Levanta! Vai!", gritou ele asperamente.

"Get up there, Buck! Hi! Get up! Go on!" he shouted harshly.

Thornton continuou a talhar, sabendo que os tolos não ouviriam a razão.

Thornton kept whittling, knowing fools won't hear reason.

Parar um tolo era inútil — e dois ou três tolos não mudavam nada.

To stop a fool was futile—and two or three fooled changed nothing.

Mas a equipe não se moveu ao som do comando de Hal.

But the team didn't move at the sound of Hal's command.

A essa altura, somente golpes conseguiam fazê-los se levantar e avançar.

By now, only blows could make them rise and pull forward.

O chicote estalava repetidamente nos cães enfraquecidos.

The whip snapped again and again across the weakened dogs.

John Thornton apertou os lábios e observou em silêncio.

John Thornton pressed his lips tightly and watched in silence.

Solleks foi o primeiro a se levantar sob o chicote.

Solleks was the first to crawl to his feet under the lash.

Então Teek o seguiu, tremendo. Joe gritou ao se levantar cambaleando.

Then Teek followed, trembling. Joe yelped as he stumbled up.

Pike tentou se levantar, falhou duas vezes e então finalmente conseguiu ficar de pé, cambaleando.

Pike tried to rise, failed twice, then finally stood unsteadily.

Mas Buck permaneceu onde havia caído, sem se mexer durante todo esse tempo.

But Buck lay where he had fallen, not moving at all this time.

O chicote o golpeava repetidamente, mas ele não emitia nenhum som.

The whip slashed him over and over, but he made no sound.

Ele não vacilou nem resistiu, simplesmente permaneceu parado e quieto.

He did not flinch or resist, simply remained still and quiet.

Thornton se mexeu mais de uma vez, como se fosse falar, mas não o fez.

Thornton stirred more than once, as if to speak, but didn't.

Seus olhos ficaram marejados, e o chicote continuou a estalar contra Buck.

His eyes grew wet, and still the whip cracked against Buck.

Por fim, Thornton começou a andar lentamente, sem saber o que fazer.

At last, Thornton began pacing slowly, unsure of what to do.

Foi a primeira vez que Buck falhou, e Hal ficou furioso.

It was the first time Buck had failed, and Hal grew furious.

Ele jogou o chicote no chão e pegou o pesado porrete.

He threw down the whip and picked up the heavy club instead.

O porrete de madeira caiu com força, mas Buck ainda não se levantou para se mover.

The wooden club came down hard, but Buck still did not rise to move.

Assim como seus companheiros de equipe, ele era muito fraco — mas era mais do que isso.

Like his teammates, he was too weak—but more than that.

Buck decidiu não se mover, não importa o que acontecesse em seguida.

Buck had decided not to move, no matter what came next.

Ele sentiu algo escuro e certo pairando à sua frente.

He felt something dark and certain hovering just ahead.

Esse medo tomou conta dele assim que chegou à margem do rio.

That dread had seized him as soon as he reached the riverbank.

A sensação não o abandonou desde que ele sentiu o gelo ficar fino sob suas patas.

The feeling had not left him since he felt the ice thin under his paws.

Algo terrível estava esperando — ele sentiu isso logo abaixo na trilha.

Something terrible was waiting—he felt it just down the trail.

Ele não iria caminhar em direção àquela coisa terrível à sua frente

He wasn't going to walk towards that terrible thing ahead

Ele não iria obedecer a nenhuma ordem que o levasse àquela coisa.

He was not going to obey any command that took him to that thing.

A dor dos golpes mal o tocava agora — ele estava muito mal.

The pain of the blows hardly touched him now—he was too far gone.

A centelha da vida brilhava fracamente, apagando-se sob cada golpe cruel.

The spark of life flickered low, dimmed beneath each cruel strike.

Seus membros pareciam distantes; todo o seu corpo parecia pertencer a outro.

His limbs felt distant; his whole body seemed to belong to another.

Ele sentiu uma dormência estranha enquanto a dor desaparecia completamente.

He felt a strange numbness as the pain faded out completely.

De longe, ele sentiu que estava sendo espancado, mas mal sabia.

From far away, he sensed he was being beaten, but barely knew.

Ele conseguia ouvir as pancadas fracamente, mas elas não doíam mais de verdade.

He could hear the thuds faintly, but they no longer truly hurt.

Os golpes acertaram, mas seu corpo não parecia mais o seu.

The blows landed, but his body no longer seemed like his own.

Então, de repente, sem aviso, John Thornton deu um grito selvagem.

Then suddenly, without warning, John Thornton gave a wild cry.

Era inarticulado, mais o grito de uma fera do que de um homem.

It was inarticulate, more the cry of a beast than of a man.

Ele saltou em direção ao homem com o porrete e derrubou Hal para trás.

He leapt at the man with the club and knocked Hal backward.

Hal voou como se tivesse sido atingido por uma árvore, aterrissando com força no chão.

Hal flew as if struck by a tree, landing hard upon the ground.

Mercedes gritou alto em pânico e agarrou o rosto.

Mercedes screamed aloud in panic and clutched at her face.

Charles apenas observou, enxugou os olhos e permaneceu sentado.

Charles only looked on, wiped his eyes, and stayed seated.

Seu corpo estava rígido demais de dor para se levantar ou ajudar na luta.

His body was too stiff with pain to rise or help in the fight.

Thornton ficou de pé sobre Buck, tremendo de fúria, incapaz de falar.

Thornton stood over Buck, trembling with fury, unable to speak.

Ele tremia de raiva e lutava para encontrar sua voz em meio a isso.

He shook with rage and fought to find his voice through it.

"Se você bater naquele cachorro de novo, eu vou te matar", ele disse finalmente.

"If you strike that dog again, I'll kill you," he finally said.

Hal limpou o sangue da boca e voltou para frente.

Hal wiped blood from his mouth and came forward again.

"É o meu cachorro", murmurou ele. "Sai da frente, senão eu te acerto."

"It's my dog," he muttered. "Get out of the way, or I'll fix you."

"Vou para Dawson, e você não vai me impedir", acrescentou.

"I'm going to Dawson, and you're not stopping me," he added.

Thornton permaneceu firme entre Buck e o jovem furioso.

Thornton stood firm between Buck and the angry young man.

Ele não tinha intenção de se afastar ou deixar Hal passar.

He had no intention of stepping aside or letting Hal pass.

Hal sacou sua faca de caça, longa e perigosa na mão.

Hal pulled out his hunting knife, long and dangerous in hand.

Mercedes gritou, depois chorou e depois riu histericamente.

Mercedes screamed, then cried, then laughed in wild hysteria.

Thornton atingiu a mão de Hal com o cabo do machado, forte e rápido.

Thornton struck Hal's hand with his axe-handle, hard and fast.

A faca se soltou das mãos de Hal e voou para o chão.

The knife was knocked loose from Hal's grip and flew to the ground.

Hal tentou pegar a faca, e Thornton bateu nos nós dos dedos novamente.

Hal tried to pick the knife up, and Thornton rapped his knuckles again.

Então Thornton se abaixou, pegou a faca e a segurou.

Then Thornton stooped down, grabbed the knife, and held it.

Com dois golpes rápidos no cabo do machado, ele cortou as rédeas de Buck.

With two quick chops of the axe-handle, he cut Buck's reins.

Hal não tinha mais forças para lutar e se afastou do cachorro.

Hal had no fight left in him and stepped back from the dog.

Além disso, Mercedes precisava dos dois braços para se manter em pé.

Besides, Mercedes needed both arms now to keep her upright.

Buck estava muito perto da morte para poder puxar um trenó novamente.

Buck was too near death to be of use for pulling a sled again.

Poucos minutos depois, eles partiram e seguiram rio abaixo.

A few minutes later, they pulled out, heading down the river.

Buck levantou a cabeça fracamente e os observou saindo do banco.

Buck raised his head weakly and watched them leave the bank.

Pike liderou a equipe, com Solleks na retaguarda, no lugar do volante.

Pike led the team, with Solleks at the rear in the wheel spot.

Joe e Teek caminhavam entre eles, ambos mancando de exaustão.

Joe and Teek walked between, both limping with exhaustion.

Mercedes sentou-se no trenó e Hal agarrou o longo mastro.

Mercedes sat on the sled, and Hal gripped the long gee-pole.

Charles cambaleou para trás, com passos desajeitados e incertos.

Charles stumbled behind, his steps clumsy and uncertain.

Thornton se ajoelhou ao lado de Buck e delicadamente apalpou os ossos quebrados.

Thornton knelt by Buck and gently felt for broken bones.

Suas mãos eram ásperas, mas se moviam com gentileza e cuidado.

His hands were rough but moved with kindness and care.

O corpo de Buck estava machucado, mas não apresentava ferimentos permanentes.

Buck's body was bruised but showed no lasting injury.

O que restou foi uma fome terrível e fraqueza quase total.

What remained was terrible hunger and near-total weakness.

Quando isso ficou claro, o trenó já havia ido longe rio abaixo.

By the time this was clear, the sled had gone far downriver.

O homem e o cachorro observavam o trenó rastejando lentamente sobre o gelo rachado.

Man and dog watched the sled slowly crawl over the cracking ice.

Então, eles viram o trenó afundar em uma depressão.

Then, they saw the sled sink down into a hollow.

O mastro voou para cima, com Hal ainda se agarrando a ele em vão.

The gee-pole flew up, with Hal still clinging to it in vain.

O grito de Mercedes os alcançou através da distância fria.

Mercedes's scream reached them across the cold distance.

Charles se virou e deu um passo para trás, mas era tarde demais.

Charles turned and stepped back—but he was too late.

Uma camada inteira de gelo cedeu e todos eles caíram.

A whole ice sheet gave way, and they all dropped through.

Cães, trenós e pessoas desapareceram na água escura abaixo.

Dogs, sled, and people vanished into the black water below.

Apenas um grande buraco no gelo ficou por onde eles passaram.

Only a wide hole in the ice was left where they had passed.

O fundo da trilha havia cedido, exatamente como Thornton havia avisado.

The trail's bottom had dropped out—just as Thornton warned.

Thornton e Buck se entreolharam e ficaram em silêncio por um momento.

Thornton and Buck looked at one another, silent for a moment.

"Pobre coitado", disse Thornton suavemente, e Buck lambeu a mão.

"You poor devil," said Thornton softly, and Buck licked his hand.

Pelo Amor de um Homem
For the Love of a Man

John Thornton congelou os pés no frio do dezembro anterior.
John Thornton froze his feet in the cold of the previous December.
Seus parceiros o deixaram confortável e se recuperar sozinho.
His partners made him comfortable and left him to recover alone.
Eles subiram o rio para coletar uma jangada de toras de serra para Dawson.
They went up the river to gather a raft of saw-logs for Dawson.
Ele ainda estava mancando um pouco quando resgatou Buck da morte.
He was still limping slightly when he rescued Buck from death.
Mas com a continuação do tempo quente, até essa claudicação desapareceu.
But with warm weather continuing, even that limp disappeared.
Deitado na margem do rio durante longos dias de primavera, Buck descansava.
Lying by the riverbank during long spring days, Buck rested.
Ele observou a água corrente e ouviu pássaros e insetos.
He watched the flowing water and listened to birds and insects.
Lentamente, Buck recuperou suas forças sob o sol e o céu.

Slowly, Buck regained his strength under the sun and sky.
Descansar foi maravilhoso depois de viajar 4.800 quilômetros.
A rest felt wonderful after traveling three thousand miles.
Buck ficou preguiçoso enquanto suas feridas cicatrizavam e seu corpo encorpava.
Buck became lazy as his wounds healed and his body filled out.
Seus músculos ficaram firmes e a carne voltou a cobrir seus ossos.
His muscles grew firm, and flesh returned to cover his bones.
Estavam todos descansando: Buck, Thornton, Skeet e Nig.
They were all resting—Buck, Thornton, Skeet, and Nig.
Eles esperaram a jangada que os levaria até Dawson.
They waited for the raft that was going to carry them down to Dawson.
Skeet era um pequeno setter irlandês que fez amizade com Buck.
Skeet was a small Irish setter who made friends with Buck.
Buck estava fraco e doente demais para resistir a ela no primeiro encontro.
Buck was too weak and ill to resist her at their first meeting.
Skeet tinha a característica de curandeira que alguns cães possuem naturalmente.
Skeet had the healer trait that some dogs naturally possess.
Como uma gata, ela lambeu e limpou as feridas abertas de Buck.
Like a mother cat, she licked and cleaned Buck's raw wounds.
Todas as manhãs, após o café da manhã, ela repetia seu trabalho cuidadoso.
Every morning after breakfast, she repeated her careful work.
Buck passou a esperar a ajuda dela tanto quanto esperava a de Thornton.
Buck came to expect her help as much as he did Thornton's.
Nig também era amigável, mas menos aberto e menos afetuoso.
Nig was friendly too, but less open and less affectionate.

Nig era um grande cão preto, parte sabujo e parte cão de caça.

Nig was a big black dog, part bloodhound and part deerhound.

Ele tinha olhos risonhos e uma bondade infinita em seu espírito.

He had laughing eyes and endless good nature in his spirit.

Para a surpresa de Buck, nenhum dos cães demonstrou ciúmes dele.

To Buck's surprise, neither dog showed jealousy toward him.

Tanto Skeet quanto Nig compartilhavam a gentileza de John Thornton.

Both Skeet and Nig shared the kindness of John Thornton.

À medida que Buck ficava mais forte, eles o atraíam para brincadeiras tolas de cachorro.

As Buck got stronger, they lured him into foolish dog games.

Thornton também brincava com eles com frequência, pois não conseguia resistir à alegria deles.

Thornton often played with them too, unable to resist their joy.

Dessa forma lúdica, Buck passou da doença para uma nova vida.

In this playful way, Buck moved from illness to a new life.

O amor — verdadeiro, ardente e apaixonado — era seu finalmente.

Love—true, burning, and passionate love—was his at last.

Ele nunca conheceu esse tipo de amor na propriedade de Miller.

He had never known this kind of love at Miller's estate.

Com os filhos do Juiz, ele compartilhou trabalho e aventura.

With the Judge's sons, he had shared work and adventure.

Nos netos, ele viu um orgulho rígido e prepotente.

With the grandsons, he saw stiff and boastful pride.

Com o próprio juiz Miller, ele tinha uma amizade respeitosa.

With Judge Miller himself, he had a respectful friendship.

Mas o amor que era fogo, loucura e adoração veio com Thornton.

But love that was fire, madness, and worship came with Thornton.

Este homem salvou a vida de Buck, e isso por si só significava muito.

This man had saved Buck's life, and that alone meant a great deal.

Mas mais do que isso, John Thornton era o tipo ideal de mestre.

But more than that, John Thornton was the ideal kind of master.

Outros homens cuidavam de cães por obrigação ou necessidade comercial.

Other men cared for dogs out of duty or business necessity.

John Thornton cuidava de seus cães como se fossem seus filhos.

John Thornton cared for his dogs as if they were his children.

Ele se importava com eles porque os amava e simplesmente não conseguia evitar.

He cared for them because he loved them and simply could not help it.

John Thornton viu ainda mais longe do que a maioria dos homens conseguiu ver.

John Thornton saw even further than most men ever managed to see.

Ele nunca se esquecia de cumprimentá-los gentilmente ou de dizer uma palavra de incentivo.

He never forgot to greet them kindly or speak a cheering word.

Ele adorava sentar-se com os cães para longas conversas, ou "gassy", como ele dizia.

He loved sitting down with the dogs for long talks, or "gassy," as he said.

Ele gostava de agarrar a cabeça de Buck com força entre suas mãos fortes.

He liked to seize Buck's head roughly between his strong hands.

Então ele encostou a cabeça na de Buck e o sacudiu gentilmente.

Then he rested his own head against Buck's and shook him gently.

Durante todo o tempo, ele chamava Buck de nomes rudes que significavam amor para Buck.

All the while, he called Buck rude names that meant love to Buck.

Para Buck, aquele abraço rude e aquelas palavras trouxeram profunda alegria.

To Buck, that rough embrace and those words brought deep joy.

Seu coração parecia tremer de felicidade a cada movimento.

His heart seemed to shake loose with happiness at each movement.

Quando ele se levantou depois, sua boca parecia estar rindo.

When he sprang up afterward, his mouth looked like it laughed.

Seus olhos brilhavam intensamente e sua garganta tremia de alegria silenciosa.

His eyes shone brightly and his throat trembled with unspoken joy.

Seu sorriso permaneceu imóvel naquele estado de emoção e afeição radiante.

His smile stood still in that state of emotion and glowing affection.

Então Thornton exclamou pensativamente: "Meu Deus! Ele quase consegue falar!"

Then Thornton exclaimed thoughtfully, "God! he can almost speak!"

Buck tinha uma maneira estranha de expressar amor que quase causava dor.

Buck had a strange way of expressing love that nearly caused pain.

Ele frequentemente apertava a mão de Thornton com os dentes, com muita força.

He often griped Thornton's hand in his teeth very tightly.

A mordida deixaria marcas profundas que permaneceriam por algum tempo.

The bite was going to leave deep marks that stayed for some time after.

Buck acreditava que aqueles juramentos eram de amor, e Thornton sabia o mesmo.

Buck believed those oaths were love, and Thornton knew the same.

Na maioria das vezes, o amor de Buck se manifestava em adoração silenciosa, quase silenciosa.

Most often, Buck's love showed in quiet, almost silent adoration.

Embora se sentisse emocionado quando tocado ou falado, ele não buscava atenção.

Though thrilled when touched or spoken to, he did not seek attention.

Skeet colocou o focinho sob a mão de Thornton até que ele a acariciou.

Skeet nudged her nose under Thornton's hand until he petted her.

Nig caminhou silenciosamente e apoiou sua grande cabeça no joelho de Thornton.

Nig walked up quietly and rested his large head on Thornton's knee.

Buck, por outro lado, estava satisfeito em amar a uma distância respeitosa.

Buck, in contrast, was satisfied to love from a respectful distance.

Ele ficou deitado por horas aos pés de Thornton, alerta e observando atentamente.

He lied for hours at Thornton's feet, alert and watching closely.

Buck estudou cada detalhe do rosto de seu mestre e cada menor movimento.

Buck studied every detail of his master's face and slightest motion.

Ou deitado mais longe, estudando a figura do homem em silêncio.

Or lied farther away, studying the man's shape in silence.

Buck observava cada pequeno movimento, cada mudança de postura ou gesto.

Buck watched each small move, each shift in posture or gesture.

Essa conexão era tão poderosa que muitas vezes atraiu o olhar de Thornton.

So powerful was this connection that often pulled Thornton's gaze.

Ele encontrou os olhos de Buck sem dizer nada, o amor brilhando claramente.

He met Buck's eyes with no words, love shining clearly through.

Por um longo tempo depois de ser salvo, Buck nunca deixou Thornton fora de vista.

For a long while after being saved, Buck never let Thornton out of sight.

Sempre que Thornton saía da tenda, Buck o seguia de perto para fora.

Whenever Thornton left the tent, Buck followed him closely outside.

Todos os mestres severos das Terras do Norte fizeram com que Buck tivesse medo de confiar.

All the harsh masters in the Northland had made Buck afraid to trust.

Ele temia que nenhum homem pudesse permanecer como seu mestre por mais do que um curto período de tempo.

He feared no man could remain his master for more than a short time.

Ele temia que John Thornton desaparecesse como Perrault e François.

He feared John Thornton was going to vanish like Perrault and François.

Mesmo à noite, o medo de perdê-lo assombrava o sono agitado de Buck.

Even at night, the fear of losing him haunted Buck's restless sleep.

Quando Buck acordou, ele saiu sorrateiramente para o frio e foi até a barraca.

When Buck woke, he crept out into the cold, and went to the tent.

Ele ouviu atentamente o som suave da respiração lá dentro.

He listened carefully for the soft sound of breathing inside.

Apesar do profundo amor de Buck por John Thornton, a natureza permaneceu viva.

Despite Buck's deep love for John Thornton, the wild stayed alive.

Esse instinto primitivo, despertado no Norte, não desapareceu.

That primitive instinct, awakened in the North, did not disappear.

O amor trouxe devoção, lealdade e o vínculo caloroso do lado do fogo.

Love brought devotion, loyalty, and the fire-side's warm bond.

Mas Buck também manteve seus instintos selvagens, aguçados e sempre alertas.

But Buck also kept his wild instincts, sharp and ever alert.

Ele não era apenas um animal de estimação domesticado das terras macias da civilização.

He was not just a tamed pet from the soft lands of civilization.

Buck era um ser selvagem que veio sentar-se perto do fogo de Thornton.

Buck was a wild being who had come in to sit by Thornton's fire.

Ele parecia um cão da raça Southland, mas a selvageria vivia dentro dele.

He looked like a Southland dog, but wildness lived within him.

Seu amor por Thornton era grande demais para permitir que ele o roubasse.

His love for Thornton was too great to allow theft from the man.

Mas em qualquer outro acampamento, ele roubaria com ousadia e sem hesitação.

But in any other camp, he would steal boldly and without pause.

Ele era tão esperto em roubar que ninguém conseguia pegá-lo ou acusá-lo.

He was so clever in stealing that no one could catch or accuse him.

Seu rosto e corpo estavam cobertos de cicatrizes de muitas lutas passadas.

His face and body were covered in scars from many past fights.

Buck ainda lutava ferozmente, mas agora lutava com mais astúcia.

Buck still fought fiercely, but now he fought with more cunning.

Skeet e Nig eram gentis demais para lutar, e eram de Thornton.

Skeet and Nig were too gentle to fight, and they were Thornton's.

Mas qualquer cão estranho, não importa quão forte ou corajoso, cedia.

But any strange dog, no matter how strong or brave, gave way.

Caso contrário, o cão se veria lutando contra Buck, lutando por sua vida.

Otherwise, the dog found itself battling Buck; fighting for its life.

Buck não teve misericórdia quando decidiu lutar contra outro cão.

Buck had no mercy once he chose to fight against another dog.

Ele aprendeu bem a lei da clava e das presas nas Terras do Norte.

He had learned well the law of club and fang in the Northland.

Ele nunca abriu mão de uma vantagem e nunca recuou da batalha.

He never gave up an advantage and never backed away from battle.

Ele estudou Spitz e os cães mais ferozes de correio e polícia.

He had studied Spitz and the fiercest dogs of mail and police.

Ele sabia claramente que não havia meio-termo em combate selvagem.

He knew clearly there was no middle ground in wild combat.

Ele devia governar ou ser governado; mostrar misericórdia significava mostrar fraqueza.

He must rule or be ruled; showing mercy meant showing weakness.

A misericórdia era desconhecida no mundo cru e brutal da sobrevivência.

Mercy was unknown in the raw and brutal world of survival.

Mostrar misericórdia era visto como medo, e o medo levava rapidamente à morte.

To show mercy was seen as fear, and fear led quickly to death.

A antiga lei era simples: matar ou ser morto, comer ou ser comido.

The old law was simple: kill or be killed, eat or be eaten.

Essa lei veio das profundezas do tempo, e Buck a seguiu integralmente.

That law came from the depths of time, and Buck followed it fully.

Buck era mais velho do que sua idade e do que o número de vezes que respirava.

Buck was older than his years and the number of breaths he took.

Ele conectou claramente o passado antigo com o momento presente.

He connected the ancient past with the present moment clearly.

Os ritmos profundos das eras moviam-se através dele como as marés.

The deep rhythms of the ages moved through him like the tides.

O tempo pulsava em seu sangue tão seguramente quanto as estações moviam a Terra.

Time pulsed in his blood as surely as seasons moved the earth.

Ele estava sentado perto do fogo de Thornton, com peito forte e presas brancas.

He sat by Thornton's fire, strong-chested and white-fanged.

Seu longo pelo balançava, mas atrás dele os espíritos de cães selvagens observavam.

His long fur waved, but behind him the spirits of wild dogs watched.

Meio-lobos e lobos puros agitavam-se em seu coração e sentidos.

Half-wolves and full wolves stirred within his heart and senses.

Eles provaram sua carne e beberam a mesma água que ele.

They tasted his meat and drank the same water that he did.

Eles cheiravam o vento ao lado dele e ouviam a floresta.

They sniffed the wind alongside him and listened to the forest.

Eles sussurravam os significados dos sons selvagens na escuridão.

They whispered the meanings of the wild sounds in the darkness.

Elas moldavam seu humor e guiavam cada uma de suas reações silenciosas.

They shaped his moods and guided each of his quiet reactions.

Elas ficaram com ele enquanto ele dormia e se tornaram parte de seus sonhos profundos.

They lay with him as he slept and became part of his deep dreams.

Eles sonhavam com ele, além dele, e constituíam seu próprio espírito.

They dreamed with him, beyond him, and made up his very spirit.

Os espíritos selvagens chamavam tão fortemente que Buck se sentiu atraído.

The spirits of the wild called so strongly that Buck felt pulled.

A cada dia, a humanidade e suas reivindicações enfraqueciam o coração de Buck.

Each day, mankind and its claims grew weaker in Buck's heart.

Nas profundezas da floresta, um chamado estranho e emocionante iria surgir.

Deep in the forest, a strange and thrilling call was going to rise.

Toda vez que ouvia o chamado, Buck sentia uma vontade irresistível.

Every time he heard the call, Buck felt an urge he could not resist.

Ele iria se afastar do fogo e dos caminhos humanos trilhados.

He was going to turn from the fire and from the beaten human paths.

Ele ia mergulhar na floresta, avançando sem saber por quê.

He was going to plunge into the forest, going forward without knowing why.

Ele não questionou essa atração, pois o chamado era profundo e poderoso.

He did not question this pull, for the call was deep and powerful.

Muitas vezes, ele alcançava a sombra verde e a terra macia e intocada

Often, he reached the green shade and soft untouched earth

Mas então o forte amor por John Thornton o puxou de volta para o fogo.

But then the strong love for John Thornton pulled him back to the fire.

Somente John Thornton realmente tinha o coração selvagem de Buck em suas mãos.

Only John Thornton truly held Buck's wild heart in his grasp.

O resto da humanidade não tinha valor ou significado duradouro para Buck.

The rest of mankind had no lasting value or meaning to Buck.

Estranhos podem elogiá-lo ou acariciar seu pelo com mãos amigáveis.

Strangers might praise him or stroke his fur with friendly hands.

Buck permaneceu impassível e foi embora por excesso de afeição.

Buck remained unmoved and walked off from too much affection.

Hans e Pete chegaram com a jangada tão esperada

Hans and Pete arrived with the raft that had long been awaited

Buck os ignorou até saber que estavam perto de Thornton.

Buck ignored them until he learned they were close to Thornton.

Depois disso, ele os tolerou, mas nunca lhes demonstrou calor humano total.

After that, he tolerated them, but never showed them full warmth.

Ele aceitava comida ou gentileza deles como se estivesse lhes fazendo um favor.

He took food or kindness from them as if doing them a favor.

Eles eram como Thornton: simples, honestos e claros nos pensamentos.

They were like Thornton—simple, honest, and clear in thought.

Todos juntos viajaram para a serraria de Dawson e para o grande redemoinho

All together they traveled to Dawson's saw-mill and the great eddy

Em sua jornada, eles aprenderam a entender profundamente a natureza de Buck.

On their journey the learned to understand Buck's nature deeply.

Eles não tentaram se aproximar como Skeet e Nig fizeram.

They did not try to grow close like Skeet and Nig had done.

Mas o amor de Buck por John Thornton só se aprofundou com o tempo.

But Buck's love for John Thornton only deepened over time.

Somente Thornton poderia colocar uma mochila nas costas de Buck no verão.

Only Thornton could place a pack on Buck's back in the summer.

Tudo o que Thornton ordenava, Buck estava disposto a fazer integralmente.

Whatever Thornton commanded, Buck was willing to do fully.

Um dia, depois de deixarem Dawson em direção às nascentes do Tanana,

One day, after they left Dawson for the headwaters of the Tanana,

o grupo sentou-se em um penhasco que descia um metro até o leito rochoso nu.

the group sat on a cliff that dropped three feet to bare bedrock.

John Thornton sentou-se perto da borda, e Buck descansou ao lado dele.

John Thornton sat near the edge, and Buck rested beside him.

Thornton teve um pensamento repentino e chamou a atenção dos homens.

Thornton had a sudden thought and called the men's attention.

Ele apontou para o outro lado do abismo e deu a Buck uma única ordem.

He pointed across the chasm and gave Buck a single command.

"Pule, Buck!" ele disse, balançando o braço sobre o precipício.

"Jump, Buck!" he said, swinging his arm out over the drop.

Num instante, ele teve que agarrar Buck, que estava pulando para obedecer.

In a moment, he had to grab Buck, who was leaping to obey.

Hans e Pete correram e puxaram os dois de volta para um lugar seguro.

Hans and Pete rushed forward and pulled both back to safety.

Depois que tudo terminou e eles recuperaram o fôlego, Pete falou.

After all ended, and they had caught their breath, Pete spoke up.

"O amor é estranho", disse ele, abalado pela devoção feroz do cão.

"The love's uncanny," he said, shaken by the dog's fierce devotion.

Thornton balançou a cabeça e respondeu com calma seriedade.

Thornton shook his head and replied with calm seriousness.

"Não, o amor é esplêndido", disse ele, "mas também terrível".

"No, the love is splendid," he said, "but also terrible."

"Às vezes, devo admitir, esse tipo de amor me assusta."

"Sometimes, I must admit, this kind of love makes me afraid."

Pete assentiu e disse: "Eu odiaria ser o homem que toca em você."

Pete nodded and said, "I'd hate to be the man who touches you."

Ele olhou para Buck enquanto falava, sério e cheio de respeito.

He looked at Buck as he spoke, serious and full of respect.

"Py Jingo!", disse Hans rapidamente. "Eu também não, senhor."

"Py Jingo!" said Hans quickly. "Me either, no sir."

Antes do ano terminar, os medos de Pete se concretizaram em Circle City.

Before the year ended, Pete's fears came true at Circle City.

Um homem cruel chamado Black Burton começou uma briga no bar.

A cruel man named Black Burton picked a fight in the bar.

Ele estava bravo e malicioso, atacando um novato.

He was angry and malicious, lashing out at a new tenderfoot.

John Thornton interveio, calmo e bem-humorado como sempre.

John Thornton stepped in, calm and good-natured as always.

Buck estava deitado num canto, com a cabeça baixa, observando Thornton atentamente.

Buck lay in a corner, head down, watching Thornton closely.

Burton atacou de repente, e seu soco fez Thornton girar.

Burton suddenly struck, his punch sending Thornton spinning.

Somente a grade do bar o impediu de cair com força no chão.

Only the bar's rail kept him from crashing hard to the ground.

Os observadores ouviram um som que não era latido ou grito

The watchers heard a sound that was not bark or yelp

um rugido profundo veio de Buck quando ele se lançou em direção ao homem.

a deep roar came from Buck as he launched toward the man.

Burton levantou o braço e quase salvou a própria vida.

Burton threw his arm up and barely saved his own life.

Buck colidiu com ele, derrubando-o no chão.

Buck crashed into him, knocking him flat onto the floor.

Buck mordeu fundo o braço do homem e então investiu contra sua garganta.

Buck bit deep into the man's arm, then lunged for the throat.

Burton só conseguiu bloquear parcialmente, e seu pescoço foi rasgado.

Burton could only partly block, and his neck was torn open.

Homens correram, ergueram cassetetes e expulsaram Buck do homem sangrando.

Men rushed in, clubs raised, and drove Buck off the bleeding man.

Um cirurgião agiu rapidamente para impedir que o sangue vazasse.

A surgeon worked quickly to stop the blood from flowing out.

Buck andava de um lado para o outro e rosnava, tentando atacar repetidamente.

Buck paced and growled, trying to attack again and again.

Somente golpes de taco o impediram de chegar até Burton.

Only swinging clubs kept him back from reaching Burton.

Uma reunião de mineiros foi convocada e realizada ali mesmo.

A miners' meeting was called and held right there on the spot.

Eles concordaram que Buck havia sido provocado e votaram para libertá-lo.

They agreed Buck had been provoked and voted to set him free.

Mas o nome feroz de Buck agora ecoava em todos os acampamentos no Alasca.

But Buck's fierce name now echoed in every camp in Alaska.

Mais tarde naquele outono, Buck salvou Thornton novamente de uma nova maneira.

Later that fall, Buck saved Thornton again in a new way.

Os três homens estavam guiando um longo barco descendo por corredeiras turbulentas.

The three men were guiding a long boat down rough rapids.

Thornton comandava o barco, dando instruções sobre como chegar à costa.

Thornton maned the boat, calling directions to the shoreline.

Hans e Pete correram em terra, segurando uma corda de árvore em árvore.

Hans and Pete ran on land, holding a rope from tree to tree.

Buck manteve o ritmo na margem, sempre observando seu mestre.

Buck kept pace on the bank, always watching his master.

Em um lugar desagradável, pedras se projetavam sob a água rápida.

At one nasty place, rocks jutted out under the fast water.

Hans soltou a corda e Thornton desviou o barco para longe.

Hans let go of the rope, and Thornton steered the boat wide.

Hans correu para pegar o barco novamente, passando pelas pedras perigosas.

Hans sprinted to catch the boat again past the dangerous rocks.

O barco passou pela saliência, mas atingiu uma parte mais forte da correnteza.

The boat cleared the ledge but hit a stronger part of the current.

Hans agarrou a corda muito rápido e desequilibrou o barco.

Hans grabbed the rope too quickly and pulled the boat off balance.

O barco virou e bateu na margem, com a parte de baixo para cima.

The boat flipped over and slammed into the bank, bottom up.

Thornton foi jogado para fora e arrastado para a parte mais selvagem da água.

Thornton was thrown out and swept into the wildest part of the water.

Nenhum nadador poderia sobreviver naquelas águas perigosas e mortais.

No swimmer could have survived in those deadly, racing waters.

Buck pulou imediatamente e perseguiu seu mestre rio abaixo.

Buck jumped in instantly and chased his master down the river.

Depois de trezentos metros, ele finalmente chegou a Thornton.

After three hundred yards, he reached Thornton at last.

Thornton agarrou o rabo de Buck, e Buck se virou em direção à praia.

Thornton grabbed Buck's tail, and Buck turned for the shore.

Ele nadou com força total, lutando contra a força violenta da água.

He swam with full strength, fighting the water's wild drag.

Eles se moviam rio abaixo mais rápido do que conseguiam alcançar a costa.

They moved downstream faster than they could reach the shore.

À frente, o rio rugia mais alto enquanto caía em corredeiras mortais.

Ahead, the river roared louder as it fell into deadly rapids.

Pedras cortavam a água como os dentes de um pente enorme.

Rocks sliced through the water like the teeth of a huge comb.

A atração da água perto da queda era selvagem e inevitável.

The pull of the water near the drop was savage and inescapable.

Thornton sabia que nunca conseguiriam chegar à costa a tempo.

Thornton knew they could never make the shore in time.

Ele raspou uma pedra, quebrou uma segunda,

He scraped over one rock, smashed across a second,

E então ele bateu em uma terceira pedra, agarrando-a com as duas mãos.

And then he crashed into a third rock, grabbing it with both hands.

Ele soltou Buck e gritou por cima do rugido: "Vai, Buck! Vai!"

He let go of Buck and shouted over the roar, "Go, Buck! Go!"

Buck não conseguiu se manter à tona e foi arrastado pela correnteza.

Buck could not stay afloat and was swept down by the current.

Ele lutou muito, esforçando-se para virar, mas não conseguiu avançar.

He fought hard, struggling to turn, but made no headway at all.

Então ele ouviu Thornton repetir o comando acima do rugido do rio.

Then he heard Thornton repeat the command over the river's roar.

Buck saiu da água e levantou a cabeça como se fosse dar uma última olhada.

Buck reared out of the water, raised his head as if for a last look.

então se virou e obedeceu, nadando em direção à margem com determinação.

then turned and obeyed, swimming toward the bank with resolve.

Pete e Hans o puxaram para terra no último momento possível.

Pete and Hans pulled him ashore at the final possible moment.

Eles sabiam que Thornton poderia se agarrar à rocha por apenas mais alguns minutos.

They knew Thornton could cling to the rock for only minutes more.

Eles correram até um ponto bem acima de onde ele estava pendurado.

They ran up the bank to a spot far above where he was hanging.

Eles amarraram cuidadosamente a linha do barco no pescoço e nos ombros de Buck.

They tied the boat's line to Buck's neck and shoulders carefully.

A corda estava justa, mas solta o suficiente para respirar e se movimentar.

The rope was snug but loose enough for breathing and movement.

Então eles o lançaram novamente no rio caudaloso e mortal.

Then they launched him into the rushing, deadly river again.

Buck nadou corajosamente, mas perdeu o ângulo para enfrentar a força da correnteza.

Buck swam boldly but missed his angle into the stream's force.

Ele viu tarde demais que iria passar por Thornton.

He saw too late that he was going to drift past Thornton.

Hans puxou a corda com força, como se Buck fosse um barco virando.

Hans jerked the rope tight, as if Buck were a capsizing boat.

A correnteza o puxou para baixo e ele desapareceu abaixo da superfície.

The current pulled him under, and he vanished below the surface.

Seu corpo atingiu a margem antes que Hans e Pete o resgatassem.

His body struck the bank before Hans and Pete pulled him out.

Ele estava quase afogado, e eles bateram para tirar toda a água dele.

He was half-drowned, and they pounded the water out of him.

Buck se levantou, cambaleou e caiu novamente no chão.

Buck stood, staggered, and collapsed again onto the ground.

Então eles ouviram a voz de Thornton levemente carregada pelo vento.

Then they heard Thornton's voice faintly carried by the wind.

Embora as palavras não fossem claras, eles sabiam que ele estava perto da morte.

Though the words were unclear, they knew he was near death.

O som da voz de Thornton atingiu Buck como um choque elétrico.

The sound of Thornton's voice hit Buck like an electric jolt.

Ele pulou e correu pela margem, retornando ao ponto de lançamento.

He jumped up and ran up the bank, returning to the launch point.

Novamente amarraram a corda em Buck, e novamente ele entrou no riacho.

Again they tied the rope to Buck, and again he entered the stream.

Desta vez, ele nadou direta e firmemente para a água corrente.

This time, he swam directly and firmly into the rushing water.

Hans soltou a corda com firmeza enquanto Pete evitava que ela se enrolasse.

Hans let out the rope steadily while Pete kept it from tangling.

Buck nadou com força até ficar alinhado logo acima de Thornton.

Buck swam hard until he was lined up just above Thornton.

Então ele se virou e avançou como um trem em alta velocidade.

Then he turned and charged down like a train in full speed.

Thornton o viu chegando, preparou-se e colocou os braços em volta do seu pescoço.

Thornton saw him coming, braced, and locked arms around his neck.

Hans amarrou a corda firmemente em uma árvore enquanto ambos eram puxados para baixo.

Hans tied the rope fast around a tree as both were pulled under.

Eles caíram debaixo d'água, batendo em pedras e detritos do rio.

They tumbled underwater, smashing into rocks and river debris.

Num momento Buck estava no topo, no outro Thornton se levantou ofegante.

One moment Buck was on top, the next Thornton rose gasping.

Espancados e sufocados, eles se desviaram para a margem e para a segurança.

Battered and choking, they veered to the bank and safety.

Thornton recuperou a consciência, deitado sobre um tronco.

Thornton regained consciousness, lying across a drift log.

Hans e Pete trabalharam duro para trazer de volta o fôlego e a vida.

Hans and Pete worked him hard to bring back breath and life.

Seu primeiro pensamento foi para Buck, que estava imóvel e mole.

His first thought was for Buck, who lay motionless and limp.

Nig uivou sobre o corpo de Buck, e Skeet lambeu seu rosto gentilmente.

Nig howled over Buck's body, and Skeet licked his face gently.

Thornton, dolorido e machucado, examinou Buck com mãos cuidadosas.

Thornton, sore and bruised, examined Buck with careful hands.

Ele encontrou três costelas quebradas, mas nenhum ferimento mortal no cachorro.

He found three ribs broken, but no deadly wounds in the dog.

"Isso resolve", disse Thornton. "Acampamos aqui." E assim fizeram.

"That settles it," Thornton said. "We camp here." And they did.

Eles ficaram até que as costelas de Buck sarassem e ele pudesse andar novamente.

They stayed until Buck's ribs healed and he could walk again.

Naquele inverno, Buck realizou um feito que aumentou ainda mais sua fama.

That winter, Buck performed a feat that raised his fame further.

Foi menos heróico do que salvar Thornton, mas igualmente impressionante.

It was less heroic than saving Thornton, but just as impressive.

Em Dawson, os parceiros precisavam de suprimentos para uma viagem distante.

At Dawson, the partners needed supplies for a distant journey.

Eles queriam viajar para o leste, para terras selvagens intocadas.

They wanted to travel East, into untouched wilderness lands.

A ação de Buck no Eldorado Saloon tornou essa viagem possível.

Buck's deed in the Eldorado Saloon made that trip possible.

Tudo começou com homens se gabando de seus cachorros enquanto bebiam.

It began with men bragging about their dogs over drinks.

A fama de Buck fez dele alvo de desafios e dúvidas.

Buck's fame made him the target of challenges and doubt.

Thornton, orgulhoso e calmo, permaneceu firme na defesa do nome de Buck.

Thornton, proud and calm, stood firm in defending Buck's name.

Um homem disse que seu cachorro conseguia puxar duzentos quilos com facilidade.

One man said his dog could pull five hundred pounds with ease.

Outro disse seiscentos, e um terceiro se gabou de setecentos.

Another said six hundred, and a third bragged seven hundred.

"Pfft!" disse John Thornton, "Buck consegue puxar um trenó de 450 quilos."

"Pfft!" said John Thornton, "Buck can pull a thousand pound sled."

Matthewson, um Rei Bonanza, inclinou-se para frente e o desafiou.

Matthewson, a Bonanza King, leaned forward and challenged him.

"Você acha que ele consegue colocar tanto peso em movimento?"

"You think he can put that much weight into motion?"

"E você acha que ele consegue puxar o peso por cem metros inteiros?"

"And you think he can pull the weight a full hundred yards?"

Thornton respondeu friamente: "Sim. Buck é cachorro o suficiente para fazer isso."

Thornton replied coolly, "Yes. Buck is dog enough to do it."

"Ele coloca 450 quilos em movimento e puxa por cem metros."

"He'll put a thousand pounds into motion, and pull it a hundred yards."

Matthewson sorriu lentamente e fez questão de que todos os homens ouvissem suas palavras.

Matthewson smiled slowly and made sure all men heard his words.

"Tenho mil dólares que dizem que ele não pode. Aí está."

"I've got a thousand dollars that says he can't. There it is."

Ele jogou um saco de pó de ouro do tamanho de uma salsicha no balcão.

He slammed a sack of gold dust the size of sausage on the bar.

Ninguém disse uma palavra. O silêncio tornou-se pesado e tenso ao redor deles.

Nobody said a word. The silence grew heavy and tense around them.

O blefe de Thornton — se é que houve algum — foi levado a sério.

Thornton's bluff—if it was one—had been taken seriously.

Ele sentiu o calor subir ao seu rosto enquanto o sangue subia às suas bochechas.

He felt heat rise in his face as blood rushed to his cheeks.

Sua língua se antecipou à razão naquele momento.

His tongue had gotten ahead of his reason in that moment.

Ele realmente não sabia se Buck conseguiria movimentar mil libras.

He truly didn't know if Buck could move a thousand pounds.

Meia tonelada! Só o tamanho já fazia seu coração pesar.

Half a ton! The size of it alone made his heart feel heavy.

Ele tinha fé na força de Buck e o considerava capaz.

He had faith in Buck's strength and had thought him capable.

Mas ele nunca havia enfrentado esse tipo de desafio, não desse jeito.

But he had never faced this kind of challenge, not like this.

Uma dúzia de homens o observava em silêncio, esperando para ver o que ele faria.

A dozen men watched him quietly, waiting to see what he'd do.

Ele não tinha dinheiro, nem Hans nem Pete.

He didn't have the money—neither did Hans or Pete.

"Tenho um trenó lá fora", disse Matthewson friamente e diretamente.

"I've got a sled outside," said Matthewson coldly and direct.

"Está carregado com vinte sacos de cinquenta libras cada, tudo farinha.

"It's loaded with twenty sacks, fifty pounds each, all flour.

Então não deixe que um trenó perdido seja sua desculpa agora", acrescentou.

So don't let a missing sled be your excuse now," he added.

Thornton ficou em silêncio. Não sabia que palavras dizer.

Thornton stood silent. He didn't know what words to offer.

Ele olhou para os rostos sem vê-los claramente.

He looked around at the faces without seeing them clearly.

Ele parecia um homem congelado em pensamentos, tentando recomeçar.

He looked like a man frozen in thought, trying to restart.

Então ele viu Jim O'Brien, um amigo dos tempos do Mastodon.

Then he saw Jim O'Brien, a friend from the Mastodon days.

Aquele rosto familiar lhe deu uma coragem que ele não sabia que tinha.

That familiar face gave him courage he didn't know he had.

Ele se virou e perguntou em voz baixa: "Você pode me emprestar mil?"

He turned and asked in a low voice, "Can you lend me a thousand?"

"Claro", disse O'Brien, deixando cair um saco pesado perto do ouro.

"Sure," said O'Brien, dropping a heavy sack by the gold already.

"Mas, sinceramente, John, não acredito que a fera possa fazer isso."

"But truthfully, John, I don't believe the beast can do this."

Todos no Eldorado Saloon correram para fora para ver o evento.

Everyone in the Eldorado Saloon rushed outside to see the event.

Eles deixaram mesas e bebidas, e até os jogos foram pausados.

They left tables and drinks, and even the games were paused.

Crupiês e apostadores vieram testemunhar o fim daquela aposta ousada.

Dealers and gamblers came to witness the bold wager's end.

Centenas de pessoas se reuniram ao redor do trenó na rua gelada.

Hundreds gathered around the sled in the icy open street.

O trenó de Matthewson estava carregado de sacos de farinha.

Matthewson's sled stood with a full load of flour sacks.

O trenó ficou parado por horas em temperaturas negativas.

The sled had been sitting for hours in minus temperatures.

Os patins do trenó estavam congelados na neve compactada.

The sled's runners were frozen tight to the packed-down snow.

Os homens deram chances de dois para um de que Buck não conseguiria mover o trenó.

Men offered two-to-one odds that Buck could not move the sled.

Surgiu uma disputa sobre o que "sair" realmente significava.

A dispute broke out about what "break out" really meant.

O'Brien disse que Thornton deveria soltar a base congelada do trenó.

O'Brien said Thornton should loosen the sled's frozen base.

Buck poderia então "sair" de um início sólido e imóvel.

Buck could then "break out" from a solid, motionless start.

Matthewson argumentou que o cão também deve libertar os corredores.

Matthewson argued the dog must break the runners free too.

Os homens que ouviram a aposta concordaram com a opinião de Matthewson.

The men who had heard the bet agreed with Matthewson's view.

Com essa decisão, as probabilidades saltaram para três para um contra Buck.

With that ruling, the odds jumped to three-to-one against Buck.

Ninguém se apresentou para aproveitar as crescentes probabilidades de três para um.

No one stepped forward to take the growing three-to-one odds.

Nenhum homem acreditou que Buck conseguiria realizar o grande feito.

Not a single man believed Buck could perform the great feat.

Thornton foi levado às pressas para a aposta, cheio de dúvidas.

Thornton had been rushed into the bet, heavy with doubts.

Agora ele olhava para o trenó e para a equipe de dez cães ao lado dele.

Now he looked at the sled and the ten-dog team beside it.

Ver a realidade da tarefa fez com que ela parecesse ainda mais impossível.

Seeing the reality of the task made it seem more impossible.

Matthewson estava cheio de orgulho e confiança naquele momento.

Matthewson was full of pride and confidence in that moment.

"Três contra um!", gritou ele. "Aposto mais mil, Thornton!

"Three to one!" he shouted. "I'll bet another thousand, Thornton!

O que você diz?" ele acrescentou, alto o suficiente para todos ouvirem.

What do you say?" he added, loud enough for all to hear.

O rosto de Thornton mostrava suas dúvidas, mas seu espírito estava elevado.

Thornton's face showed his doubts, but his spirit had risen.

Esse espírito de luta ignorou as probabilidades e não temeu nada.

That fighting spirit ignored odds and feared nothing at all.

Ele chamou Hans e Pete para trazerem todo o dinheiro para a mesa.

He called Hans and Pete to bring all their cash to the table.

Eles tinham pouco mais: apenas duzentos dólares no total.

They had little left—only two hundred dollars combined.

Essa pequena quantia era toda a sua fortuna durante os tempos difíceis.

This small sum was their total fortune during hard times.

Mesmo assim, eles apostaram toda a fortuna contra Matthewson.

Still, they laid all of the fortune down against Matthewson's bet.

O grupo de dez cães foi desatrelado e se afastou do trenó.

The ten-dog team was unhitched and moved away from the sled.

Buck foi colocado nas rédeas, usando seu arreio familiar.
Buck was placed in the reins, wearing his familiar harness.
Ele captou a energia da multidão e sentiu a tensão.
He had caught the energy of the crowd and felt the tension.
De alguma forma, ele sabia que tinha que fazer algo por John Thornton.
Somehow, he knew he had to do something for John Thornton.
As pessoas murmuravam com admiração diante da figura orgulhosa do cão.
People murmured with admiration at the dog's proud figure.
Ele era magro e forte, sem um único grama de carne extra.
He was lean and strong, without a single extra ounce of flesh.
Seu peso total de cento e cinquenta libras era pura força e resistência.
His full weight of hundred fifty pounds was all power and endurance.
O pelo de Buck brilhava como seda, espesso, saudável e forte.
Buck's coat gleamed like silk, thick with health and strength.
Os pelos ao longo do pescoço e dos ombros dele pareciam se levantar e eriçar.
The fur along his neck and shoulders seemed to lift and bristle.
Sua juba se movia levemente, cada fio de cabelo transbordando de sua grande energia.
His mane moved slightly, each hair alive with his great energy.
Seu peito largo e pernas fortes combinavam com sua estrutura pesada e resistente.
His broad chest and strong legs matched his heavy, tough frame.
Os músculos ondulavam sob seu casaco, tensos e firmes como ferro.
Muscles rippled under his coat, tight and firm as bound iron.
Os homens o tocaram e juraram que ele era construído como uma máquina de aço.

Men touched him and swore he was built like a steel machine.

As probabilidades caíram ligeiramente para duas para uma contra o grande cão.

The odds dropped slightly to two to one against the great dog.

Um homem dos Skookum Benches avançou, gaguejando.

A man from the Skookum Benches pushed forward, stuttering.

— Ótimo, senhor! Ofereço oitocentos por ele... antes do teste, senhor!

"Good, sir! I offer eight hundred for him—before the test, sir!"

"Oitocentos, pelo valor que ele tem agora!", insistiu o homem.

"Eight hundred, as he stands right now!" the man insisted.

Thornton deu um passo à frente, sorriu e balançou a cabeça calmamente.

Thornton stepped forward, smiled, and shook his head calmly.

Matthewson interveio rapidamente com uma voz de advertência e uma carranca.

Matthewson quickly stepped in with a warning voice and frown.

"Você precisa se afastar dele", disse ele. "Dê espaço a ele."

"You must step away from him," he said. "Give him space."

A multidão ficou em silêncio; apenas os apostadores ainda ofereciam apostas de dois para um.

The crowd grew silent; only gamblers still offered two to one.

Todos admiravam o porte físico de Buck, mas a carga parecia grande demais.

Everyone admired Buck's build, but the load looked too great.

Vinte sacos de farinha — cada um pesando vinte e cinco quilos — pareciam muito.

Twenty sacks of flour—each fifty pounds in weight—seemed far too much.

Ninguém estava disposto a abrir a bolsa e arriscar seu dinheiro.

No one was willing to open their pouch and risk their money.

Thornton se ajoelhou ao lado de Buck e segurou sua cabeça com as duas mãos.

Thornton knelt beside Buck and took his head in both hands.

Ele pressionou sua bochecha contra a de Buck e falou em seu ouvido.

He pressed his cheek against Buck's and spoke into his ear.

Agora não havia mais apertos de mão brincalhões nem insultos carinhosos sussurrados.

There was no playful shaking or whispered loving insults now.

Ele apenas murmurou suavemente: "Tanto quanto você me ama, Buck."

He only murmured softly, "As much as you love me, Buck."

Buck soltou um gemido baixo, sua ânsia mal contida.

Buck let out a quiet whine, his eagerness barely restrained.

Os espectadores observavam com curiosidade enquanto a tensão preenchia o ar.

The onlookers watched with curiosity as tension filled the air.

O momento parecia quase irreal, como algo além da razão.

The moment felt almost unreal, like something beyond reason.

Quando Thornton se levantou, Buck gentilmente pegou sua mão entre suas mandíbulas.

When Thornton stood, Buck gently took his hand in his jaws.

Ele pressionou com os dentes e depois soltou lenta e gentilmente.

He pressed down with his teeth, then let go slowly and gently.

Foi uma resposta silenciosa de amor, não falada, mas compreendida.

It was a silent answer of love, not spoken, but understood.

Thornton se afastou bem do cachorro e deu o sinal.

Thornton stepped well back from the dog and gave the signal.

"Agora, Buck", ele disse, e Buck respondeu com calma e foco.

"Now, Buck," he said, and Buck responded with focused calm.

Buck apertou os trilhos e depois os afrouxou alguns centímetros.

Buck tightened the traces, then loosened them by a few inches.

Esse era o método que ele havia aprendido; sua maneira de quebrar o trenó.

This was the method he had learned; his way to break the sled.

"Nossa!" Thornton gritou, sua voz aguda no silêncio pesado.

"Gee!" Thornton shouted, his voice sharp in the heavy silence.

Buck virou para a direita e investiu com todo o seu peso.

Buck turned to the right and lunged with all of his weight.

A folga desapareceu, e toda a massa de Buck atingiu os trilhos apertados.

The slack vanished, and Buck's full mass hit the tight traces.

O trenó tremeu, e os patins fizeram um som de estalo.

The sled trembled, and the runners made a crisp crackling sound.

"Haw!" Thornton ordenou, mudando novamente a direção de Buck.

"Haw!" Thornton commanded, shifting Buck's direction again.

Buck repetiu o movimento, dessa vez puxando bruscamente para a esquerda.

Buck repeated the move, this time pulling sharply to the left.

O trenó estalava mais alto, os patins estalavam e se deslocavam.

The sled cracked louder, the runners snapping and shifting.

A carga pesada deslizou ligeiramente para o lado na neve congelada.

The heavy load slid slightly sideways across the frozen snow.

O trenó se soltou das garras da trilha gelada!

The sled had broken free from the grip of the icy trail!

Os homens prenderam a respiração, sem perceber que nem estavam respirando.

Men held their breath, unaware they were not even breathing.

"Agora, PUXE!" Thornton gritou através do silêncio congelado.

"Now, PULL!" Thornton cried out across the frozen silence.

O comando de Thornton soou agudo, como o estalo de um chicote.

Thornton's command rang out sharp, like the crack of a whip.

Buck se lançou para frente com um golpe violento e brusco.

Buck hurled himself forward with a fierce and jarring lunge.

Todo o seu corpo ficou tenso e encolhido devido ao esforço intenso.

His whole frame tensed and bunched for the massive strain.

Os músculos ondulavam sob seu pelo como serpentes ganhando vida.

Muscles rippled under his fur like serpents coming alive.

Seu grande peito estava baixo e sua cabeça estava esticada para frente, em direção ao trenó.

His great chest was low, head stretched forward toward the sled.

Suas patas se moviam como relâmpagos, garras cortando o chão congelado.

His paws moved like lightning, claws slicing the frozen ground.

Os sulcos foram profundos enquanto ele lutava por cada centímetro de tração.

Grooves were cut deep as he fought for every inch of traction.

O trenó balançou, tremeu e começou um movimento lento e desconfortável.

The sled rocked, trembled, and began a slow, uneasy motion.

Um pé escorregou, e um homem na multidão gemeu alto.

One foot slipped, and a man in the crowd groaned aloud.

Então o trenó avançou num movimento brusco e brusco.

Then the sled lunged forward in a jerking, rough movement.

E não parou mais — mais um centímetro...um centímetro...cinco centímetros.

It didn't stop again—half an inch...an inch...two inches more.

Os solavancos diminuíram à medida que o trenó começou a ganhar velocidade.

The jerks became smaller as the sled began to gather speed.

Logo Buck estava puxando com uma força suave e uniforme.

Soon Buck was pulling with smooth, even, rolling power.

Os homens ofegaram e finalmente se lembraram de respirar novamente.

Men gasped and finally remembered to breathe again.

Eles não perceberam que pararam de respirar devido ao espanto.

They had not noticed their breath had stopped in awe.

Thornton correu atrás, gritando comandos curtos e alegres.

Thornton ran behind, calling out short, cheerful commands.

À frente havia uma pilha de lenha que marcava a distância.

Ahead was a stack of firewood that marked the distance.

À medida que Buck se aproximava da pilha, os aplausos ficavam cada vez mais altos.

As Buck neared the pile, the cheering grew louder and louder.

A torcida aumentou e virou um rugido quando Buck passou do ponto final.

The cheering swelled into a roar as Buck passed the end point.

Homens pularam e gritaram, até Matthewson abriu um sorriso.

Men jumped and shouted, even Matthewson broke into a grin.

Chapéus voavam no ar, luvas eram atiradas sem pensar ou mirar.

Hats flew into the air, mittens were tossed without thought or aim.

Os homens se agarravam e apertavam as mãos sem saber quem era.

Men grabbed each other and shook hands without knowing who.

A multidão inteira vibrava em uma celebração selvagem e alegre.

The whole crowd buzzed in wild, joyful celebration.

Thornton caiu de joelhos ao lado de Buck com as mãos trêmulas.

Thornton dropped to his knees beside Buck with trembling hands.

Ele pressionou a cabeça contra a de Buck e o sacudiu gentilmente para frente e para trás.

He pressed his head to Buck's and shook him gently back and forth.

Aqueles que se aproximaram ouviram-no amaldiçoar o cão com amor silencioso.

Those who approached heard him curse the dog with quiet love.

Ele xingou Buck por um longo tempo — suavemente, calorosamente, com emoção.

He swore at Buck for a long time—softly, warmly, with emotion.

"Bom, senhor! Bom, senhor!", gritou o rei do Banco Skookum apressadamente.

"Good, sir! Good, sir!" cried the Skookum Bench king in a rush.

"Eu lhe darei mil — não, mil e duzentos — por esse cachorro, senhor!"

"I'll give you a thousand—no, twelve hundred—for that dog, sir!"

Thornton levantou-se lentamente, com os olhos brilhando de emoção.

Thornton rose slowly to his feet, his eyes shining with emotion.

Lágrimas escorriam abertamente por suas bochechas, sem nenhuma vergonha.

Tears streamed openly down his cheeks without any shame.

"Senhor", disse ele ao rei do Banco Skookum, firme e constante

"Sir," he said to the Skookum Bench king, steady and firm

"Não, senhor. Pode ir para o inferno, senhor. Essa é a minha resposta final."

"No, sir. You can go to hell, sir. That's my final answer."

Buck agarrou a mão de Thornton gentilmente com suas mandíbulas fortes.

Buck grabbed Thornton's hand gently in his strong jaws.

Thornton o sacudiu de brincadeira, seu vínculo era profundo como sempre.

Thornton shook him playfully, their bond deep as ever.

A multidão, comovida com o momento, recuou em silêncio.
The crowd, moved by the moment, stepped back in silence.
A partir de então, ninguém ousou interromper tal afeição sagrada.
From then on, none dared interrupt such sacred affection.

O Som do Chamado
The Sound of the Call

Buck ganhou mil e seiscentos dólares em cinco minutos.
Buck had earned sixteen hundred dollars in five minutes.
O dinheiro permitiu que John Thornton pagasse algumas de suas dívidas.
The money let John Thornton pay off some of his debts.
Com o resto do dinheiro, ele foi para o Leste com seus sócios.
With the rest of the money he headed East with his partners.
Eles procuraram uma lendária mina perdida, tão antiga quanto o próprio país.
They sought a fabled lost mine, as old as the country itself.
Muitos homens procuraram a mina, mas poucos a encontraram.
Many men had looked for the mine, but few had ever found it.
Mais do que alguns homens desapareceram durante a perigosa busca.
More than a few men had vanished during the dangerous quest.
Esta mina perdida estava envolta em mistério e tragédia antiga.
This lost mine was wrapped in both mystery and old tragedy.
Ninguém sabia quem havia sido o primeiro homem a encontrar a mina.
No one knew who the first man to find the mine had been.
As histórias mais antigas não mencionam ninguém pelo nome.
The oldest stories don't mention anyone by name.
Sempre houve uma cabana antiga e em ruínas ali.
There had always been an ancient ramshackle cabin there.
Homens moribundos juraram que havia uma mina ao lado daquela velha cabana.
Dying men had sworn there was a mine next to that old cabin.
Eles provaram suas histórias com ouro como nenhum outro foi encontrado em nenhum outro lugar.

They proved their stories with gold like none found elsewhere.

Nenhuma alma viva jamais havia saqueado o tesouro daquele lugar.

No living soul had ever looted the treasure from that place.

Os mortos estavam mortos, e homens mortos não contam histórias.

The dead were dead, and dead men tell no tales.

Então Thornton e seus amigos seguiram para o Leste.

So Thornton and his friends headed into the East.

Pete e Hans se juntaram, trazendo Buck e seis cães fortes.

Pete and Hans joined, bringing Buck and six strong dogs.

Eles partiram por uma trilha desconhecida onde outros falharam.

They set off down an unknown trail where others had failed.

Eles desceram de trenó por 112 quilômetros pelo congelado Rio Yukon.

They sledded seventy miles up the frozen Yukon River.

Eles viraram à esquerda e seguiram a trilha até o Stewart.

They turned left and followed the trail into the Stewart.

Eles passaram pelo Mayo e pelo McQuestion e continuaram avançando.

They passed the Mayo and McQuestion, pressing farther on.

O Stewart encolheu até virar um riacho, passando por picos irregulares.

The Stewart shrank into a stream, threading jagged peaks.

Esses picos agudos marcavam a espinha dorsal do continente.

These sharp peaks marked the very spine of the continent.

John Thornton exigia pouco dos homens ou das terras selvagens.

John Thornton demanded little from men or the wild land.

Ele não temia nada na natureza e enfrentava a vida selvagem com facilidade.

He feared nothing in nature and faced the wild with ease.

Com apenas sal e um rifle, ele podia viajar para onde quisesse.

With only salt and a rifle, he could travel where he wished.

Assim como os nativos, ele caçava para comer enquanto viajava.

Like the natives, he hunted food while he journeyed along.

Se não pegasse nada, ele continuava, confiando na sorte.

If he caught nothing, he kept going, trusting luck ahead.

Nessa longa jornada, a carne era a principal coisa que eles comiam.

On this long journey, meat was the main thing they ate.

O trenó continha ferramentas e munição, mas não havia um cronograma rígido.

The sled held tools and ammo, but no strict timetable.

Buck adorava essa peregrinação; a caça e a pesca sem fim.

Buck loved this wandering; the endless hunt and fishing.

Durante semanas eles viajaram dia após dia.

For weeks they were traveling day after steady day.

Outras vezes eles montavam acampamentos e ficavam parados por semanas.

Other times they made camps and stayed still for weeks.

Os cães descansaram enquanto os homens cavavam a terra congelada.

The dogs rested while the men dug through frozen dirt.

Eles esquentavam panelas no fogo e procuravam ouro escondido.

They warmed pans over fires and searched for hidden gold.

Em alguns dias eles passavam fome, em outros faziam festas.

Some days they starved, and some days they had feasts.

Suas refeições dependiam da caça e da sorte da caçada.

Their meals depended on the game and the luck of the hunt.

Quando o verão chegou, homens e cães carregaram cargas nas costas.

When summer came, men and dogs packed loads on their backs.

Eles fizeram rafting em lagos azuis escondidos em florestas montanhosas.

They rafted across blue lakes hidden in mountain forests.

Eles navegavam em barcos estreitos em rios que nenhum homem jamais havia mapeado.
They sailed slim boats on rivers no man had ever mapped.
Esses barcos foram construídos com árvores que eles mesmos serraram na natureza.
Those boats were built from trees they sawed in the wild.

Os meses se passaram e eles serpentearam pelas terras selvagens e desconhecidas.
The months passed, and they twisted through the wild unknown lands.
Não havia homens lá, mas vestígios antigos indicavam que havia homens.
There were no men there, yet old traces hinted that men had been.
Se a Cabana Perdida fosse real, então outros já teriam passado por aqui.
If the Lost Cabin was real, then others had once come this way.
Eles atravessaram passagens altas em meio a nevascas, mesmo durante o verão.
They crossed high passes in blizzards, even during the summer.
Eles tremiam sob o sol da meia-noite nas encostas áridas das montanhas.
They shivered under the midnight sun on bare mountain slopes.
Entre a linha das árvores e os campos de neve, eles escalaram lentamente.
Between the treeline and the snowfields, they climbed slowly.
Em vales quentes, eles espantavam nuvens de mosquitos e moscas.
In warm valleys, they swatted at clouds of gnats and flies.
Eles colhiam frutas doces perto de geleiras em plena floração do verão.
They picked sweet berries near glaciers in full summer bloom.
As flores que encontraram eram tão lindas quanto as do Sul.

The flowers they found were as lovely as those in the Southland.

Naquele outono, eles chegaram a uma região solitária cheia de lagos silenciosos.

That fall they reached a lonely region filled with silent lakes.

A terra estava triste e vazia, antes repleta de pássaros e animais.

The land was sad and empty, once alive with birds and beasts.

Agora não havia vida, apenas vento e gelo se formando em poças.

Now there was no life, just the wind and ice forming in pools.

As ondas batiam nas praias vazias com um som suave e triste.

Waves lapped against empty shores with a soft, mournful sound.

Chegou outro inverno, e eles seguiram novamente trilhas antigas e tênues.

Another winter came, and they followed faint, old trails again.

Essas eram as trilhas de homens que haviam procurado muito antes deles.

These were the trails of men who had searched long before them.

Certa vez, eles encontraram um caminho aberto bem fundo na floresta escura.

Once they found a path cut deep into the dark forest.

Era uma trilha antiga, e eles sentiram que a cabana perdida estava próxima.

It was an old trail, and they felt the lost cabin was close.

Mas a trilha não levava a lugar nenhum e desaparecia na mata fechada.

But the trail led nowhere and faded into the thick woods.

Ninguém sabia quem fez a trilha e por que a fez.

Whoever made the trail, and why they made it, no one knew.

Mais tarde, eles encontraram os destroços de uma cabana escondida entre as árvores.

Later, they found the wreck of a lodge hidden among the trees.

Cobertores apodrecidos estavam espalhados onde alguém dormiu.

Rotting blankets lay scattered where someone once had slept.

John Thornton encontrou uma espingarda de pederneira de cano longo enterrada lá dentro.

John Thornton found a long-barreled flintlock buried inside.

Ele sabia que esta era uma arma da Baía de Hudson desde os primeiros dias de negociação.

He knew this was a Hudson Bay gun from early trading days.

Naquela época, essas armas eram trocadas por pilhas de peles de castor.

In those days such guns were traded for stacks of beaver skins.

Isso foi tudo: não sobrou nenhuma pista do homem que construiu o chalé.

That was all—no clue remained of the man who built the lodge.

A primavera chegou novamente, e eles não encontraram sinal da Cabana Perdida.

Spring came again, and they found no sign of the Lost Cabin.

Em vez disso, eles encontraram um vale amplo com um riacho raso.

Instead they found a broad valley with a shallow stream.

O ouro cobria o fundo das panelas como manteiga amarela e lisa.

Gold lay across the pan bottoms like smooth, yellow butter.

Eles pararam ali e não procuraram mais pela cabana.

They stopped there and searched no farther for the cabin.

A cada dia eles trabalhavam e encontravam milhares em pó de ouro.

Each day they worked and found thousands in gold dust.

Eles embalaram o ouro em sacos de couro de alce, pesando cinquenta libras cada.

They packed the gold in bags of moose-hide, fifty pounds each.

As sacolas estavam empilhadas como lenha do lado de fora de sua pequena cabana.

The bags were stacked like firewood outside their small lodge.

Eles trabalharam como gigantes, e os dias passaram como sonhos rápidos.

They worked like giants, and the days passed like quick dreams.

Eles acumularam tesouros à medida que os dias intermináveis passavam rapidamente.

They heaped up treasure as the endless days rolled swiftly by.

Havia pouco que os cães pudessem fazer, exceto carregar carne de vez em quando.

There was little for the dogs to do except haul meat now and then.

Thornton caçava e matava a caça, e Buck deitava-se perto do fogo.

Thornton hunted and killed the game, and Buck lay by the fire.

Ele passou longas horas em silêncio, perdido em pensamentos e memórias.

He spent long hours in silence, lost in thought and memory.

A imagem do homem peludo surgia com mais frequência na mente de Buck.

The image of the hairy man came more often into Buck's mind.

Agora que o trabalho era escasso, Buck sonhava enquanto piscava para o fogo.

Now that work was scarce, Buck dreamed while blinking at the fire.

Nesses sonhos, Buck vagava com o homem em outro mundo.

In those dreams, Buck wandered with the man in another world.

O medo parecia o sentimento mais forte naquele mundo distante.

Fear seemed the strongest feeling in that distant world.

Buck viu o homem peludo dormir com a cabeça baixa.

Buck saw the hairy man sleep with his head bowed low.

Suas mãos estavam entrelaçadas e seu sono era agitado e interrompido.

His hands were clasped, and his sleep was restless and broken.

Ele costumava acordar assustado e olhar com medo para o escuro.

He used to wake with a start and stare fearfully into the dark.

Então ele jogava mais lenha no fogo para manter a chama acesa.

Then he'd toss more wood onto the fire to keep the flame bright.

Às vezes, eles caminhavam por uma praia perto de um mar cinzento e infinito.

Sometimes they walked along a beach by a gray, endless sea.

O homem peludo pegou mariscos e os comeu enquanto caminhava.

The hairy man picked shellfish and ate them as he walked.

Seus olhos sempre procuravam perigos escondidos nas sombras.

His eyes searched always for hidden dangers in the shadows.

Suas pernas estavam sempre prontas para correr ao primeiro sinal de ameaça.

His legs were always ready to sprint at the first sign of threat.

Eles rastejaram pela floresta, silenciosos e cautelosos, lado a lado.

They crept through the forest, silent and wary, side by side.

Buck seguiu em seus calcanhares, e ambos permaneceram alertas.

Buck followed at his heels, and both of them stayed alert.

Suas orelhas se contraíam e se moviam, seus narizes farejavam o ar.

Their ears twitched and moved, their noses sniffed the air.

O homem conseguia ouvir e sentir o cheiro da floresta tão intensamente quanto Buck.

The man could hear and smell the forest as sharply as Buck.

O homem peludo passou por entre as árvores com velocidade repentina.

The hairy man swung through the trees with sudden speed.

Ele pulava de galho em galho, sem nunca errar o aperto.

He leapt from branch to branch, never missing his grip.

Ele se movia tão rápido acima do solo quanto sobre ele.

He moved as fast above the ground as he did upon it.

Buck se lembrava das longas noites sob as árvores, vigiando.

Buck remembered long nights beneath the trees, keeping watch.

O homem dormia empoleirado nos galhos, agarrado com força.

The man slept roosting in the branches, clinging tight.

Essa visão do homem peludo estava intimamente ligada ao chamado profundo.

This vision of the hairy man was tied closely to the deep call.

O chamado ainda soava pela floresta com uma força assustadora.

The call still sounded through the forest with haunting force.

O chamado encheu Buck de saudade e uma inquieta sensação de alegria.

The call filled Buck with longing and a restless sense of joy.

Ele sentiu impulsos e agitações estranhas que não conseguia nomear.

He felt strange urges and stirrings that he could not name.

Às vezes ele seguia o chamado até as profundezas da floresta silenciosa.

Sometimes he followed the call deep into the quiet woods.

Ele procurou o chamado, latindo baixinho ou estridentemente enquanto avançava.

He searched for the calling, barking softly or sharply as he went.

Ele cheirou o musgo e a terra preta onde a grama crescia.

He sniffed the moss and black soil where the grasses grew.

Ele bufou de prazer ao sentir os cheiros ricos da terra profunda.

He snorted with delight at the rich smells of the deep earth.

Ele ficou agachado por horas atrás de troncos cobertos de fungos.

He crouched for hours behind trunks covered in fungus.
Ele ficou parado, ouvindo com os olhos arregalados cada pequeno som.
He stayed still, listening wide-eyed to every tiny sound.
Ele pode ter esperado surpreender a coisa que deu o sinal.
He may have hoped to surprise the thing that gave the call.
Ele não sabia por que agia dessa maneira, ele simplesmente agia.
He did not know why he acted this way—he simply did.
Os impulsos vinham de dentro, além do pensamento ou da razão.
The urges came from deep within, beyond thought or reason.
Desejos irresistíveis tomaram conta de Buck sem aviso ou razão.
Irresistible urges took hold of Buck without warning or reason.
Às vezes ele cochilava preguiçosamente no acampamento sob o calor do meio-dia.
At times he was dozing lazily in camp under the midday heat.
De repente, sua cabeça se levantou e suas orelhas ficaram em alerta.
Suddenly, his head lifted and his ears shoot up alert.
Então ele saltou e correu para a natureza sem parar.
Then he sprang up and dash into the wild without pause.
Ele correu por horas por trilhas na floresta e espaços abertos.
He ran for hours through forest paths and open spaces.
Ele adorava seguir leitos de riachos secos e espiar pássaros nas árvores.
He loved to follow dry creek beds and spy on birds in the trees.
Ele poderia ficar escondido o dia todo, observando as perdizes passeando por ali.
He could lie hidden all day, watching partridges strut around.
Eles tocaram tambores e marcharam, sem perceber a presença de Buck.
They drummed and marched, unaware of Buck's still presence.

Mas o que ele mais amava era correr no crepúsculo do verão.
But what he loved most was running at twilight in summer.
A luz fraca e os sons sonolentos da floresta o encheram de alegria.
The dim light and sleepy forest sounds filled him with joy.
Ele leu os sinais da floresta tão claramente quanto um homem lê um livro.
He read the forest signs as clearly as a man reads a book.
E ele sempre procurou pela coisa estranha que o chamava.
And he searched always for the strange thing that called him.
Esse chamado nunca parou — ele o alcançava acordado ou dormindo.
That calling never stopped—it reached him waking or sleeping.

Certa noite, ele acordou assustado, com os olhos aguçados e as orelhas em pé.
One night, he woke with a start, eyes sharp and ears high.
Suas narinas se contraíram enquanto sua crina ficou eriçada em ondas.
His nostrils twitched as his mane stood bristling in waves.
Das profundezas da floresta veio o som novamente, o velho chamado.
From deep in the forest came the sound again, the old call.
Desta vez o som soou claramente, um uivo longo, assustador e familiar.
This time the sound rang clearly, a long, haunting, familiar howl.
Era como o grito de um husky, mas com um tom estranho e selvagem.
It was like a husky's cry, but strange and wild in tone.
Buck reconheceu o som imediatamente — ele já tinha ouvido o som exato há muito tempo.
Buck knew the sound at once—he had heard the exact sound long ago.
Ele saltou pelo acampamento e desapareceu rapidamente na floresta.

He leapt through camp and vanished swiftly into the woods.

À medida que se aproximava do som, ele diminuiu o ritmo e se moveu com cuidado.

As he neared the sound, he slowed and moved with care.

Logo ele chegou a uma clareira entre densos pinheiros.

Soon he reached a clearing between thick pine trees.

Ali, ereto sobre os calcanhares, estava sentado um lobo alto e magro.

There, upright on its haunches, sat a tall, lean timber wolf.

O focinho do lobo apontou para o céu, ainda ecoando o chamado.

The wolf's nose pointed skyward, still echoing the call.

Buck não fez nenhum som, mas o lobo parou e escutou.

Buck had made no sound, yet the wolf stopped and listened.

Sentindo algo, o lobo ficou tenso, procurando na escuridão.

Sensing something, the wolf tensed, searching the darkness.

Buck apareceu sorrateiramente, com o corpo abaixado e os pés quietos no chão.

Buck crept into view, body low, feet quiet on the ground.

Seu rabo estava reto, seu corpo estava tenso e encolhido.

His tail was straight, his body coiled tight with tension.

Ele demonstrou tanto ameaça quanto uma espécie de amizade rude.

He showed both threat and a kind of rough friendship.

Era a saudação cautelosa compartilhada pelos animais selvagens.

It was the wary greeting shared by beasts of the wild.

Mas o lobo se virou e fugiu assim que viu Buck.

But the wolf turned and fled as soon as it saw Buck.

Buck o perseguiu, saltando descontroladamente, ansioso para alcançá-lo.

Buck gave chase, leaping wildly, eager to overtake it.

Ele seguiu o lobo até um riacho seco bloqueado por um congestionamento de madeira.

He followed the wolf into a dry creek blocked by a timber jam.

Encurralado, o lobo girou e se manteve firme.

Cornered, the wolf spun around and stood its ground.

O lobo rosnou e mordeu como um cão husky encurralado em uma briga.

The wolf snarled and snapped like a trapped husky dog in a fight.

Os dentes do lobo estalaram rapidamente, seu corpo eriçado de fúria selvagem.

The wolf's teeth clicked fast, its body bristling with wild fury.

Buck não atacou, mas circulou o lobo com cautelosa amizade.

Buck did not attack but circled the wolf with careful friendliness.

Ele tentou bloquear sua fuga com movimentos lentos e inofensivos.

He tried to block his escape by slow, harmless movements.

O lobo estava cauteloso e assustado — Buck era três vezes mais pesado que ele.

The wolf was wary and scared—Buck outweighed him three times.

A cabeça do lobo mal alcançava o enorme ombro de Buck.

The wolf's head barely reached up to Buck's massive shoulder.

Observando uma brecha, o lobo disparou e a perseguição começou novamente.

Watching for a gap, the wolf bolted and the chase began again.

Várias vezes Buck o encurralou e a dança se repetiu.

Several times Buck cornered him, and the dance repeated.

O lobo era magro e fraco, ou Buck não o teria capturado.

The wolf was thin and weak, or Buck could not have caught him.

Cada vez que Buck se aproximava, o lobo girava e o encarava com medo.

Each time Buck drew near, the wolf spun and faced him in fear.

Então, na primeira oportunidade, ele correu para a floresta mais uma vez.

Then at the first chance, he dashed off into the woods once more.

Mas Buck não desistiu e, finalmente, o lobo passou a confiar nele.

But Buck did not give up, and finally the wolf came to trust him.

Ele cheirou o nariz de Buck, e os dois ficaram brincalhões e alertas.

He sniffed Buck's nose, and the two grew playful and alert.

Eles brincavam como animais selvagens, ferozes, mas tímidos em sua alegria.

They played like wild animals, fierce yet shy in their joy.

Depois de um tempo, o lobo saiu trotando com calma e determinação.

After a while, the wolf trotted off with calm purpose.

Ele mostrou claramente a Buck que queria ser seguido.

He clearly showed Buck that he meant to be followed.

Eles correram lado a lado na penumbra do crepúsculo.

They ran side by side through the twilight gloom.

Eles seguiram o leito do riacho até o desfiladeiro rochoso.

They followed the creek bed up into the rocky gorge.

Eles cruzaram uma divisão fria onde o riacho havia começado.

They crossed a cold divide where the stream had begun.

Na encosta mais distante, eles encontraram uma ampla floresta e muitos riachos.

On the far slope they found wide forest and many streams.

Por esta vasta terra, eles correram por horas sem parar.

Through this vast land, they ran for hours without stopping.

O sol nasceu mais alto, o ar ficou mais quente, mas eles continuaram correndo.

The sun rose higher, the air grew warm, but they ran on.

Buck estava cheio de alegria, pois sabia que estava respondendo ao seu chamado.

Buck was filled with joy—he knew he was answering his calling.

Ele correu ao lado de seu irmão da floresta, mais perto da fonte do chamado.

He ran beside his forest brother, closer to the call's source.

Velhos sentimentos retornaram, poderosos e difíceis de ignorar.

Old feelings returned, powerful and hard to ignore.

Essas eram as verdades por trás das memórias dos seus sonhos.

These were the truths behind the memories from his dreams.

Ele já havia feito tudo isso antes em um mundo distante e sombrio.

He had done all this before in a distant and shadowy world.

Agora ele fez isso de novo, correndo solto com o céu aberto acima.

Now he did this again, running wild with the open sky above.

Eles pararam em um riacho para beber da água fria que corria.

They stopped at a stream to drink from the cold flowing water.

Enquanto bebia, Buck de repente se lembrou de John Thornton.

As he drank, Buck suddenly remembered John Thornton.

Ele sentou-se em silêncio, dilacerado pela atração da lealdade e do chamado.

He sat down in silence, torn by the pull of loyalty and the calling.

O lobo trotou, mas voltou para incitar Buck a avançar.

The wolf trotted on, but came back to urge Buck forward.

Ele cheirou o nariz e tentou persuadi-lo com gestos suaves.

He sniffed his nose and tried to coax him with soft gestures.

Mas Buck se virou e começou a retornar pelo mesmo caminho que veio.

But Buck turned around and started back the way he came.

O lobo correu ao lado dele por um longo tempo, ganindo baixinho.

The wolf ran beside him for a long time, whining quietly.

Então ele se sentou, levantou o nariz e soltou um longo uivo.

Then he sat down, raised his nose, and let out a long howl.

Era um grito triste, que foi diminuindo à medida que Buck se afastava.

It was a mournful cry, softening as Buck walked away.

Buck ouviu enquanto o som do grito desaparecia lentamente no silêncio da floresta.

Buck listened as the sound of the cry faded slowly into the forest silence.

John Thornton estava jantando quando Buck invadiu o acampamento.

John Thornton was eating dinner when Buck burst into the camp.

Buck saltou sobre ele descontroladamente, lambendo, mordendo e derrubando-o.

Buck leapt upon him wildly, licking, biting, and tumbling him.

Ele o derrubou, subiu em cima dele e beijou seu rosto.

He knocked him over, scrambled on top, and kissed his face.

Thornton chamou isso de "bancar o bobo comum" com carinho.

Thornton called this "playing the general tom-fool" with affection.

Durante todo o tempo, ele amaldiçoava Buck gentilmente e o sacudia para frente e para trás.

All the while, he cursed Buck gently and shook him back and forth.

Durante dois dias e duas noites inteiras, Buck não saiu do acampamento nem uma vez.

For two whole days and nights, Buck never left the camp once.

Ele ficava perto de Thornton e nunca o perdia de vista.

He kept close to Thornton and never let him out of his sight.

Ele o seguia enquanto ele trabalhava e o observava enquanto ele comia.

He followed him as he worked and watched him while he ate.

Ele via Thornton enrolado em seus cobertores à noite e fora todas as manhãs.

He saw Thornton into his blankets at night and out each morning.

Mas logo o chamado da floresta retornou, mais alto do que nunca.

But soon the forest call returned, louder than ever before.

Buck ficou inquieto novamente, agitado pelos pensamentos sobre o lobo selvagem.

Buck grew restless again, stirred by thoughts of the wild wolf.

Ele se lembrou do terreno aberto e de correr lado a lado.

He remembered the open land and running side by side.

Ele começou a vagar pela floresta mais uma vez, sozinho e alerta.

He began wandering into the forest once more, alone and alert.

Mas o irmão selvagem não retornou, e o uivo não foi ouvido.

But the wild brother did not return, and the howl was not heard.

Buck começou a dormir do lado de fora, ficando fora por vários dias.

Buck started sleeping outside, staying away for days at a time.

Certa vez, ele cruzou a alta divisão onde o riacho havia começado.

Once he crossed the high divide where the creek had begun.

Ele entrou na terra das madeiras escuras e dos largos riachos.

He entered the land of dark timber and wide flowing streams.

Por uma semana ele vagou, procurando por sinais do irmão selvagem.

For a week he roamed, searching for signs of the wild brother.

Ele matou sua própria carne e viajou com passos longos e incansáveis.

He killed his own meat and travelled with long, tireless strides.

Ele pescava salmão em um rio largo que chegava ao mar.

He fished for salmon in a wide river that reached the sea.

Lá, ele lutou e matou um urso preto enlouquecido por insetos.

There, he fought and killed a black bear maddened by bugs.

O urso estava pescando e correu cegamente entre as árvores.

The bear had been fishing and ran blindly through the trees.

A batalha foi feroz, despertando o profundo espírito de luta de Buck.

The battle was a fierce one, waking Buck's deep fighting spirit up.

Dois dias depois, Buck retornou e encontrou carcajus em sua caça.

Two days later, Buck returned to find wolverines at his kill.

Uma dúzia deles discutiu pela carne em fúria barulhenta.

A dozen of them quarreled over the meat in noisy fury.

Buck atacou e os dispersou como folhas ao vento.

Buck charged and scattered them like leaves in the wind.

Dois lobos ficaram para trás — silenciosos, sem vida e imóveis para sempre.

Two wolves remained behind—silent, lifeless, and unmoving forever.

A sede de sangue ficou mais forte do que nunca.

The thirst for blood grew stronger than ever.

Buck era um caçador, um assassino, alimentando-se de criaturas vivas.

Buck was a hunter, a killer, feeding off living creatures.

Ele sobreviveu sozinho, confiando em sua força e sentidos aguçados.

He survived alone, relying on his strength and sharp senses.

Ele prosperou na natureza, onde somente os mais resistentes conseguiam sobreviver.

He thrived in the wild, where only the toughest could live.

Disso surgiu um grande orgulho que preencheu todo o ser de Buck.

From this, a great pride rose up and filled Buck's whole being.

Seu orgulho transparecia em cada passo, na ondulação de cada músculo.

His pride showed in his every step, in the ripple of every muscle.

Seu orgulho era tão claro quanto a fala, visto na maneira como ele se portava.

His pride was as clear as speech, seen in how he carried himself.

Até mesmo seu pelo grosso parecia mais majestoso e brilhava mais.

Even his thick coat looked more majestic and gleamed brighter.

Buck poderia ter sido confundido com um lobo gigante.

Buck could have been mistaken for a giant timber wolf.

Exceto pelo marrom no focinho e manchas acima dos olhos.

Except for brown on his muzzle and spots above his eyes.

E a faixa branca de pelo que corria no meio do seu peito.

And the white streak of fur that ran down the middle of his chest.

Ele era ainda maior que o maior lobo daquela raça feroz.

He was even larger than the biggest wolf of that fierce breed.

Seu pai, um São Bernardo, lhe deu tamanho e estrutura robusta.

His father, a St. Bernard, gave him size and heavy frame.

Sua mãe, uma pastora, moldou aquele corpo em forma de lobo.

His mother, a shepherd, shaped that bulk into wolf-like form.

Ele tinha o focinho longo de um lobo, porém mais pesado e largo.

He had the long muzzle of a wolf, though heavier and broader.

Sua cabeça era de lobo, mas construída em uma escala enorme e majestosa.

His head was a wolf's, but built on a massive, majestic scale.

A astúcia de Buck era a astúcia do lobo e da natureza.

Buck's cunning was the cunning of the wolf and of the wild.

Sua inteligência veio tanto do pastor alemão quanto do São Bernardo.

His intelligence came from both the German Shepherd and St. Bernard.

Tudo isso, somado a uma experiência difícil, fez dele uma criatura assustadora.

All this, plus harsh experience, made him a fearsome creature.

Ele era tão formidável quanto qualquer animal que vagava pela natureza selvagem do norte.

He was as formidable as any beast that roamed the northern wild.

Vivendo apenas de carne, Buck atingiu o auge de sua força.
Living only on meat, Buck reached the full peak of his strength.

Ele transbordava poder e força masculina em cada fibra dele.
He overflowed with power and male force in every fiber of him.

Quando Thornton acariciou suas costas, os pelos brilharam com energia.
When Thornton stroked his back, the hairs sparked with energy.

Cada fio de cabelo estalava, carregado com o toque do magnetismo vivo.
Each hair crackled, charged with the touch of living magnetism.

Seu corpo e cérebro estavam sintonizados na melhor afinação possível.
His body and brain were tuned to the finest possible pitch.

Cada nervo, fibra e músculo funcionava em perfeita harmonia.
Every nerve, fiber, and muscle worked in perfect harmony.

A qualquer som ou visão que exigisse ação, ele respondia instantaneamente.
To any sound or sight needing action, he responded instantly.

Se um husky saltasse para atacar, Buck poderia saltar duas vezes mais rápido.
If a husky leaped to attack, Buck could leap twice as fast.

Ele reagiu mais rápido do que os outros poderiam ver ou ouvir.
He reacted quicker than others could even see or hear.

Percepção, decisão e ação aconteceram em um momento fluido.
Perception, decision, and action all came in one fluid moment.

Na verdade, esses atos foram separados, mas rápidos demais para serem notados.
In truth, these acts were separate, but too fast to notice.

Tão breves eram os intervalos entre esses atos, que eles pareciam um só.

So brief were the gaps between these acts, they seemed as one.

Seus músculos e seu ser eram como molas firmemente enroladas.

His muscles and being was like tightly coiled springs.

Seu corpo transbordava de vida, selvagem e alegre em seu poder.

His body surged with life, wild and joyful in its power.

Às vezes ele sentia como se a força fosse explodir completamente para fora dele.

At times he felt like the force was going to burst out of him entirely.

"Nunca existiu um cachorro assim", disse Thornton em um dia tranquilo.

"Never was there such a dog," Thornton said one quiet day.

Os parceiros observaram Buck saindo orgulhosamente do acampamento.

The partners watched Buck striding proudly from the camp.

"Quando ele foi criado, ele mudou o que um cachorro pode ser", disse Pete.

"When he was made, he changed what a dog can be," said Pete.

"Por Jesus! Eu também acho", Hans concordou rapidamente.

"By Jesus! I think so myself," Hans quickly agreed.

Eles o viram partir, mas não a mudança que veio depois.

They saw him march off, but not the change that came after.

Assim que entrou na floresta, Buck se transformou completamente.

As soon as he entered the woods, Buck transformed completely.

Ele não marchava mais, mas se movia como um fantasma selvagem entre as árvores.

He no longer marched, but moved like a wild ghost among trees.

Ele ficou em silêncio, com passos de gato, um lampejo passando pelas sombras.

He became silent, cat-footed, a flicker passing through shadows.

Ele usava cobertura com habilidade, rastejando de barriga como uma cobra.

He used cover with skill, crawling on his belly like a snake.

E como uma cobra, ele podia saltar para frente e atacar em silêncio.

And like a snake, he could leap forward and strike in silence.

Ele poderia roubar uma perdiz-branca diretamente de seu ninho escondido.

He could steal a ptarmigan straight from its hidden nest.

Ele matou coelhos adormecidos sem fazer nenhum barulho.

He killed sleeping rabbits without a single sound.

Ele conseguia pegar esquilos no ar, pois eles fugiam muito devagar.

He could catch chipmunks midair as they fled too slowly.

Nem mesmo os peixes nos lagos conseguiram escapar de seus ataques repentinos.

Even fish in pools could not escape his sudden strikes.

Nem mesmo os castores espertos que consertavam represas estavam a salvo dele.

Not even clever beavers fixing dams were safe from him.

Ele matava por comida, não por diversão, mas gostava mais de suas próprias presas.

He killed for food, not for fun—but liked his own kills best.

Ainda assim, um humor astuto permeava algumas de suas caçadas silenciosas.

Still, a sly humor ran through some of his silent hunts.

Ele se aproximou dos esquilos, apenas para deixá-los escapar.

He crept up close to squirrels, only to let them escape.

Eles iriam fugir para as árvores, tagarelando com medo e indignação.

They were going to flee to the trees, chattering in fearful outrage.

Com a chegada do outono, os alces começaram a aparecer em maior número.

As fall came, moose began to appear in greater numbers.

Eles se moveram lentamente em direção aos vales baixos para enfrentar o inverno.

They moved slowly into the low valleys to meet the winter.

Buck já havia abatido um bezerro jovem e perdido.

Buck had already brought down one young, stray calf.

Mas ele ansiava por enfrentar presas maiores e mais perigosas.

But he longed to face larger, more dangerous prey.

Um dia, na divisão, na nascente do riacho, ele encontrou sua chance.

One day on the divide, at the creek's head, he found his chance.

Uma manada de vinte alces havia cruzado as terras florestais.

A herd of twenty moose had crossed from forested lands.

Entre eles estava um touro poderoso; o líder do grupo.

Among them was a mighty bull; the leader of the group.

O touro tinha mais de 1,80 m de altura e parecia feroz e selvagem.

The bull stood over six feet tall and looked fierce and wild.

Ele jogou seus chifres largos, quatorze pontas ramificadas para fora.

He tossed his wide antlers, fourteen points branching outward.

As pontas desses chifres tinham mais de dois metros de largura.

The tips of those antlers stretched seven feet across.

Seus olhinhos ardiam de raiva quando ele avistou Buck por perto.

His small eyes burned with rage as he spotted Buck nearby.

Ele soltou um rugido furioso, tremendo de fúria e dor.

He let out a furious roar, trembling with fury and pain.

Uma ponta de flecha, pontuda e afiada, projetava-se perto de seu flanco.

An arrow-end stuck out near his flank, feathered and sharp.

Essa ferida ajudou a explicar seu humor selvagem e amargo.

This wound helped explain his savage, bitter mood.

Buck, guiado por um antigo instinto de caça, fez seu movimento.

Buck, guided by ancient hunting instinct, made his move.

Ele tentou separar o touro do resto do rebanho.

He aimed to separate the bull from the rest of the herd.

Não foi uma tarefa fácil: exigiu rapidez e muita astúcia.

This was no easy task—it took speed and fierce cunning.

Ele latiu e dançou perto do touro, fora do alcance.

He barked and danced near the bull, just out of range.

O alce atacou com cascos enormes e chifres mortais.

The moose lunged with huge hooves and deadly antlers.

Um golpe poderia ter acabado com a vida de Buck num piscar de olhos.

One blow could have ended Buck's life in a heartbeat.

Incapaz de deixar a ameaça para trás, o touro ficou furioso.

Unable to leave the threat behind, the bull grew mad.

Ele atacou com fúria, mas Buck sempre escapava.

He charged in fury, but Buck always slipped away.

Buck fingiu fraqueza, atraindo-o para mais longe do rebanho.

Buck faked weakness, luring him farther from the herd.

Mas os touros jovens iriam revidar para proteger o líder.

But young bulls were going to charge back to protect the leader.

Eles forçaram Buck a recuar e o touro a se juntar ao grupo.

They forced Buck to retreat and the bull to rejoin the group.

Há uma paciência na natureza, profunda e imparável.

There is a patience in the wild, deep and unstoppable.

Uma aranha espera imóvel em sua teia por incontáveis horas.

A spider waits motionless in its web for countless hours.

Uma cobra se enrola sem se mexer e espera até que seja a hora.

A snake coils without twitching, and waits till it is time.

Uma pantera fica à espreita, até que o momento chega.

A panther lies in ambush, until the moment arrives.

Essa é a paciência dos predadores que caçam para sobreviver.

This is the patience of predators who hunt to survive.

Essa mesma paciência queimava dentro de Buck enquanto ele ficava por perto.

That same patience burned inside Buck as he stayed close.

Ele permaneceu perto do rebanho, diminuindo a marcha e provocando medo.

He stayed near the herd, slowing its march and stirring fear.

Ele provocava os touros jovens e assediava as vacas mães.

He teased the young bulls and harassed the mother cows.

Ele levou o touro ferido a uma fúria mais profunda e impotente.

He drove the wounded bull into a deeper, helpless rage.

Durante meio dia, a luta se arrastou sem nenhum descanso.

For half a day, the fight dragged on with no rest at all.

Buck atacou de todos os ângulos, rápido e feroz como o vento.

Buck attacked from every angle, fast and fierce as wind.

Ele impediu que o touro descansasse ou se escondesse com seu rebanho.

He kept the bull from resting or hiding with its herd.

Buck desgastou a vontade do alce mais rápido que seu corpo.

Buck wore down the moose's will faster than its body.

O dia passou e o sol se pôs no céu noroeste.

The day passed and the sun sank low in the northwest sky.

Os touros jovens retornaram mais lentamente para ajudar seu líder.

The young bulls returned more slowly to help their leader.

As noites de outono retornaram e a escuridão agora durava seis horas.

Fall nights had returned, and darkness now lasted six hours.

O inverno os estava empurrando ladeira abaixo em direção a vales mais seguros e quentes.

Winter was pressing them downhill into safer, warmer valleys.

Mas eles ainda não conseguiam escapar do caçador que os segurava.

But still they couldn't escape the hunter that held them back.

Apenas uma vida estava em jogo: não a do rebanho, apenas a do seu líder.

Only one life was at stake—not the herd's, just their leader's.

Isso fez com que a ameaça fosse distante e não uma preocupação urgente.

That made the threat distant and not their urgent concern.

Com o tempo, eles aceitaram esse custo e deixaram Buck levar o velho touro.

In time, they accepted this cost and let Buck take the old bull.

Quando o crepúsculo chegou, o velho touro ficou com a cabeça baixa.

As twilight settled in, the old bull stood with his head down.

Ele observou o rebanho que havia liderado desaparecer na luz que se apagava.

He watched the herd he had led vanish into the fading light.

Havia vacas que ele conheceu, bezerros que ele gerou.

There were cows he had known, calves he had once fathered.

Havia touros mais jovens com quem ele lutou e governou em temporadas passadas.

There were younger bulls he had fought and ruled in past seasons.

Ele não pôde segui-los, pois Buck estava agachado novamente diante dele.

He could not follow them—for before him crouched Buck again.

O terror implacável das presas bloqueava todos os caminhos que ele poderia tomar.

The merciless fanged terror blocked every path he might take.

O touro pesava mais de trezentos quilos de poder denso.

The bull weighed more than three hundredweight of dense power.

Ele viveu muito e lutou muito em um mundo de lutas.

He had lived long and fought hard in a world of struggle.

Mas agora, no final, a morte veio de uma fera muito abaixo dele.

Yet now, at the end, death came from a beast far beneath him.

A cabeça de Buck nem sequer chegou aos enormes joelhos do touro.

Buck's head did not even rise to the bull's huge knuckled knees.

Daquele momento em diante, Buck ficou com o touro dia e noite.

From that moment on, Buck stayed with the bull night and day.

Ele nunca lhe deu descanso, nunca lhe permitiu pastar ou beber.

He never gave him rest, never allowed him to graze or drink.

O touro tentou comer brotos de bétula e folhas de salgueiro.

The bull tried to eat young birch shoots and willow leaves.

Mas Buck o expulsou, sempre alerta e sempre atacando.

But Buck drove him off, always alert and always attacking.

Mesmo em riachos caudalosos, Buck bloqueava todas as tentativas sedentas.

Even at trickling streams, Buck blocked every thirsty attempt.

Às vezes, em desespero, o touro fugia a toda velocidade.

Sometimes, in desperation, the bull fled at full speed.

Buck o deixou correr, caminhando calmamente logo atrás, nunca muito longe.

Buck let him run, loping calmly just behind, never far away.

Quando o alce parou, Buck deitou-se, mas permaneceu pronto.

When the moose paused, Buck lay down, but stayed ready.

Se o touro tentasse comer ou beber, Buck atacava com fúria total.

If the bull tried to eat or drink, Buck struck with full fury.

A grande cabeça do touro pendia mais para baixo sob seus enormes chifres.

The bull's great head sagged lower under its vast antlers.

Seu passo diminuiu, o trote se tornou pesado, um andar cambaleante.

His pace slowed, the trot became a heavy; a stumbling walk.

Ele frequentemente ficava parado com as orelhas caídas e o focinho no chão.

He often stood still with drooped ears and nose to the ground.

Durante esses momentos, Buck tirou um tempo para beber e descansar.

During those moments, Buck took time to drink and rest.

Com a língua para fora e os olhos fixos, Buck sentiu que a terra estava mudando.

Tongue out, eyes fixed, Buck sensed the land was changing.

Ele sentiu algo novo se movendo pela floresta e pelo céu.

He felt something new moving through the forest and sky.

Com o retorno dos alces, outras criaturas selvagens também retornaram.

As moose returned, so did other creatures of the wild.

A terra parecia viva e presente, invisível, mas fortemente conhecida.

The land felt alive with presence, unseen but strongly known.

Não foi pelo som, pela visão ou pelo cheiro que Buck soube disso.

It was not by sound, sight, nor by scent that Buck knew this.

Um senso mais profundo lhe dizia que novas forças estavam em movimento.

A deeper sense told him that new forces were on the move.

Vida estranha agitava-se nas florestas e ao longo dos riachos.

Strange life stirred through the woods and along the streams.

Ele resolveu explorar esse espírito depois que a caçada terminasse.

He resolved to explore this spirit, after the hunt was complete.

No quarto dia, Buck finalmente derrubou o alce.

On the fourth day, Buck brought down the moose at last.

Ele ficou perto da presa por um dia e uma noite inteiros, alimentando-se e descansando.

He stayed by the kill for a full day and night, feeding and resting.

Ele comeu, depois dormiu, depois comeu novamente, até ficar forte e satisfeito.

He ate, then slept, then ate again, until he was strong and full.

Quando ele estava pronto, ele voltou para o acampamento e para Thornton.

When he was ready, he turned back toward camp and Thornton.

Com ritmo constante, ele começou a longa jornada de volta para casa.

With steady pace, he began the long return journey home.

Ele correu em seu passo incansável, hora após hora, sem nunca se desviar.

He ran in his tireless lope, hour after hour, never once straying.

Por terras desconhecidas, ele se moveu em linha reta como a agulha de uma bússola.

Through unknown lands, he moved straight as a compass needle.

Seu senso de direção fazia o homem e o mapa parecerem fracos em comparação.

His sense of direction made man and map seem weak by comparison.

Enquanto Buck corria, ele sentia cada vez mais a agitação na terra selvagem.

As Buck ran, he felt more strongly the stir in the wild land.

Era um novo tipo de vida, diferente daquela dos calmos meses de verão.

It was a new kind of life, unlike that of the calm summer months.

Esse sentimento não vinha mais como uma mensagem sutil ou distante.

This feeling no longer came as a subtle or distant message.

Agora os pássaros falavam desta vida, e os esquilos tagarelavam sobre ela.

Now the birds spoke of this life, and squirrels chattered about it.

Até a brisa sussurrava avisos através das árvores silenciosas.

Even the breeze whispered warnings through the silent trees.

Várias vezes ele parou e cheirou o ar fresco da manhã.

Several times he stopped and sniffed the fresh morning air.

Ele leu uma mensagem ali que o fez avançar mais rápido.

He read a message there that made him leap forward faster.

Uma forte sensação de perigo o preencheu, como se algo tivesse dado errado.

A heavy sense of danger filled him, as if something had gone wrong.

Ele temia que a calamidade estivesse chegando — ou já tivesse chegado.

He feared calamity was coming—or had already come.

Ele cruzou a última crista e entrou no vale abaixo.

He crossed the last ridge and entered the valley below.

Ele se movia mais lentamente, alerta e cauteloso a cada passo.

He moved more slowly, alert and cautious with every step.

Três milhas depois, ele encontrou uma trilha nova que o fez ficar tenso.

Three miles out he found a fresh trail that made him stiffen.

Os pelos do seu pescoço se arrepiaram e se agitaram em alarme.

The hair along his neck rippled and bristled in alarm.

A trilha levava direto para o acampamento onde Thornton esperava.

The trail led straight toward the camp where Thornton waited.

Buck se movia mais rápido agora, seus passos eram silenciosos e rápidos.

Buck moved faster now, his stride both silent and swift.

Seus nervos ficaram tensos ao perceber sinais que os outros não perceberiam.

His nerves tightened as he read signs others were going to miss.

Cada detalhe da trilha contava uma história, exceto o pedaço final.

Each detail in the trail told a story—except the final piece.

Seu nariz lhe contava sobre a vida que havia passado por ali.

His nose told him about the life that had passed this way.

O cheiro lhe deu uma imagem mutável enquanto ele o seguia de perto.

The scent gave him a changing picture as he followed close behind.

Mas a floresta em si ficou quieta; estranhamente parada.
But the forest itself had gone quiet; unnaturally still.
Os pássaros desapareceram, os esquilos estavam escondidos, silenciosos e imóveis.
Birds had vanished, squirrels were hidden, silent and still.
Ele viu apenas um esquilo cinza, deitado em uma árvore morta.
He saw only one gray squirrel, flat on a dead tree.
O esquilo se misturou, rígido e imóvel como uma parte da floresta.
The squirrel blended in, stiff and motionless like a part of the forest.
Buck se movia como uma sombra, silenciosa e segura, através das árvores.
Buck moved like a shadow, silent and sure through the trees.
Seu nariz se moveu para o lado como se tivesse sido puxado por uma mão invisível.
His nose jerked sideways as if pulled by an unseen hand.
Ele se virou e seguiu o novo cheiro em direção ao interior de um matagal.
He turned and followed the new scent deep into a thicket.
Lá ele encontrou Nig, morto, atravessado por uma flecha.
There he found Nig, lying dead, pierced through by an arrow.
A flecha atravessou seu corpo, deixando as penas ainda visíveis.
The shaft passed clear through his body, feathers still showing.
Nig se arrastou até lá, mas morreu antes de conseguir ajuda.
Nig had dragged himself there, but died before reaching help.
Cem metros mais adiante, Buck encontrou outro cão de trenó.
A hundred yards farther on, Buck found another sled dog.
Era um cachorro que Thornton havia comprado em Dawson City.
It was a dog that Thornton had bought back in Dawson City.
O cachorro estava em uma luta mortal, se debatendo com força na trilha.

The dog was in a death struggle, thrashing hard on the trail.

Buck passou ao redor dele, sem parar, com os olhos fixos à frente.

Buck passed around him, not stopping, eyes fixed ahead.

Da direção do acampamento veio um canto distante e rítmico.

From the direction of the camp came a distant, rhythmic chant.

As vozes subiam e desciam num tom estranho, sinistro e cantante.

Voices rose and fell in a strange, eerie, sing-song tone.

Buck rastejou até a borda da clareira em silêncio.

Buck crawled forward to the edge of the clearing in silence.

Lá ele viu Hans deitado de bruços, perfurado por muitas flechas.

There he saw Hans lying face-down, pierced with many arrows.

Seu corpo parecia o de um porco-espinho, eriçado de penas.

His body looked like a porcupine, bristling with feathered shafts.

No mesmo momento, Buck olhou para a cabana em ruínas.

At the same moment, Buck looked toward the ruined lodge.

A visão fez os cabelos de seu pescoço e ombros se arrepiarem.

The sight made the hair rise stiff on his neck and shoulders.

Uma tempestade de raiva selvagem percorreu todo o corpo de Buck.

A storm of wild rage swept through Buck's whole body.

Ele rosnou alto, embora não soubesse que tinha feito isso.

He growled aloud, though he did not know that he had.

O som era cru, cheio de uma fúria terrível e selvagem.

The sound was raw, filled with terrifying, savage fury.

Pela última vez na vida, Buck perdeu a razão para as emoções.

For the last time in his life, Buck lost reason to emotion.

Foi o amor por John Thornton que quebrou seu controle cuidadoso.

It was love for John Thornton that broke his careful control.

Os Yeehats estavam dançando ao redor do chalé de abetos destruído.

The Yeehats were dancing around the wrecked spruce lodge.

Então ouviu-se um rugido, e uma fera desconhecida avançou em direção a eles.

Then came a roar—and an unknown beast charged toward them.

Era Buck; uma fúria em movimento; uma tempestade viva de vingança.

It was Buck; a fury in motion; a living storm of vengeance.

Ele se jogou no meio deles, louco pela necessidade de matar.

He flung himself into their midst, mad with the need to kill.

Ele saltou sobre o primeiro homem, o chefe Yeehat, e acertou em cheio.

He leapt at the first man, the Yeehat chief, and struck true.

Sua garganta foi aberta e o sangue jorrou num jato.

His throat was ripped open, and blood spouted in a stream.

Buck não parou, mas rasgou a garganta do próximo homem com um salto.

Buck did not stop, but tore the next man's throat with one leap.

Ele era imparável — rasgando, cortando, sem nunca parar para descansar.

He was unstoppable—ripping, slashing, never pausing to rest.

Ele disparou e saltou tão rápido que as flechas não conseguiram atingi-lo.

He darted and sprang so fast their arrows could not touch him.

Os Yeehats estavam presos em seu próprio pânico e confusão.

The Yeehats were caught in their own panic and confusion.

As flechas deles erraram Buck e atingiram umas às outras.

Their arrows missed Buck and struck one another instead.

Um jovem atirou uma lança em Buck e atingiu outro homem.

One youth threw a spear at Buck and hit another man.

A lança atravessou seu peito e a ponta perfurou suas costas.

The spear drove through his chest, the point punching out his back.

O terror tomou conta dos Yeehats e eles começaram a recuar completamente.

Terror swept over the Yeehats, and they broke into full retreat.

Eles gritaram sobre o Espírito Maligno e fugiram para as sombras da floresta.

They screamed of the Evil Spirit and fled into the forest shadows.

De fato, Buck era como um demônio enquanto perseguia os Yeehats.

Truly, Buck was like a demon as he chased the Yeehats down.

Ele correu atrás deles pela floresta, derrubando-os como veados.

He tore after them through the forest, bringing them down like deer.

Tornou-se um dia de destino e terror para os assustados Yeehats.

It became a day of fate and terror for the frightened Yeehats.

Eles se espalharam pela terra, fugindo em todas as direções.

They scattered across the land, fleeing far in every direction.

Uma semana inteira se passou antes que os últimos sobreviventes se encontrassem em um vale.

A full week passed before the last survivors met in a valley.

Só então eles contaram suas perdas e falaram sobre o que aconteceu.

Only then did they count their losses and speak of what happened.

Buck, cansado da perseguição, retornou ao acampamento em ruínas.

Buck, after tiring of the chase, returned to the ruined camp.

Ele encontrou Pete, ainda em seus cobertores, morto no primeiro ataque.

He found Pete, still in his blankets, killed in the first attack.

Sinais da última luta de Thornton estavam marcados na terra próxima.

Signs of Thornton's last struggle were marked in the dirt nearby.

Buck seguiu cada rastro, farejando cada marca até um ponto final.

Buck followed every trace, sniffing each mark to a final point.

Na beira de um poço fundo, ele encontrou o fiel Skeet, deitado e imóvel.

At the edge of a deep pool, he found faithful Skeet, lying still.

A cabeça e as patas dianteiras de Skeet estavam na água, imóveis na morte.

Skeet's head and front paws were in the water, unmoving in death.

A piscina estava lamacenta e contaminada com o escoamento das caixas de comportas.

The pool was muddy and tainted with runoff from the sluice boxes.

Sua superfície nublada escondia o que havia por baixo, mas Buck sabia a verdade.

Its cloudy surface hid what lay beneath, but Buck knew the truth.

Ele seguiu o cheiro de Thornton até a piscina, mas o cheiro não levou a nenhum outro lugar.

He tracked Thornton's scent into the pool—but the scent led nowhere else.

Não havia nenhum cheiro vindo de fora — apenas o silêncio das águas profundas.

There was no scent leading out—only the silence of deep water.

Buck ficou o dia todo perto da piscina, andando de um lado para o outro no acampamento, sentindo-se triste.

All day Buck stayed near the pool, pacing the camp in grief.

Ele vagava inquieto ou sentava-se em silêncio, perdido em pensamentos pesados.

He wandered restlessly or sat in stillness, lost in heavy thought.

Ele conhecia a morte; o fim da vida; o desaparecimento de todo movimento.

He knew death; the ending of life; the vanishing of all motion.

Ele entendeu que John Thornton havia partido e nunca mais retornaria.

He understood that John Thornton was gone, never to return.

A perda deixou um vazio nele que pulsava como fome.

The loss left an empty space in him that throbbed like hunger.

Mas essa era uma fome que a comida não conseguia saciar, não importava o quanto ele comesse.

But this was a hunger food could not ease, no matter how much he ate.

Às vezes, quando ele olhava para os Yeehats mortos, a dor desaparecia.

At times, as he looked at the dead Yeehats, the pain faded.

E então um estranho orgulho surgiu dentro dele, feroz e completo.

And then a strange pride rose inside him, fierce and complete.

Ele havia matado o homem, o jogo mais elevado e perigoso de todos.

He had killed man, the highest and most dangerous game of all.

Ele matou desafiando a antiga lei da clava e das presas.

He had killed in defiance of the ancient law of club and fang.

Buck cheirou seus corpos sem vida, curioso e pensativo.

Buck sniffed their lifeless bodies, curious and thoughtful.

Eles morreram tão facilmente — muito mais facilmente do que um husky em uma luta.

They had died so easily—much easier than a husky in a fight.

Sem suas armas, eles não tinham força ou ameaça verdadeira.

Without their weapons, they had no true strength or threat.

Buck nunca mais teria medo deles, a menos que estivessem armados.

Buck was never going to fear them again, unless they were armed.

Somente quando eles carregavam porretes, lanças ou flechas ele tomava cuidado.

Only when they carried clubs, spears, or arrows he'd beware.

A noite caiu e a lua cheia surgiu bem acima do topo das árvores.
Night fell, and a full moon rose high above the tops of the trees.
A luz pálida da lua banhava a terra com um brilho suave e fantasmagórico, como o dia.
The moon's pale light bathed the land in a soft, ghostly glow like day.
À medida que a noite avançava, Buck ainda lamentava na piscina silenciosa.
As the night deepened, Buck still mourned by the silent pool.
Então ele percebeu uma agitação diferente na floresta.
Then he became aware of a different stirring in the forest.
A agitação não veio dos Yeehats, mas de algo mais antigo e profundo.
The stirring was not from the Yeehats, but from something older and deeper.
Ele se levantou, com as orelhas erguidas e o nariz testando a brisa com cuidado.
He stood up, ears lifted, nose testing the breeze with care.
De muito longe veio um grito fraco e agudo que perfurou o silêncio.
From far away came a faint, sharp yelp that pierced the silence.
Então, um coro de gritos semelhantes seguiu logo atrás do primeiro.
Then a chorus of similar cries followed close behind the first.
O som se aproximava, ficando mais alto a cada momento.
The sound drew nearer, growing louder with each passing moment.
Buck conhecia esse grito, ele vinha daquele outro mundo em sua memória.
Buck knew this cry — it came from that other world in his memory.
Ele caminhou até o centro do espaço aberto e ouviu atentamente.

He walked to the center of the open space and listened closely.

O chamado soou, com muitas notas e mais poderoso do que nunca.

The call rang out, many-noted and more powerful than ever.

E agora, mais do que nunca, Buck estava pronto para atender ao seu chamado.

And now, more than ever before, Buck was ready to answer his calling.

John Thornton estava morto, e nenhum vínculo com o homem permanecia nele.

John Thornton was dead, and no tie to man remained within him.

O homem e todas as reivindicações humanas desapareceram — ele estava livre finalmente.

Man and all human claims were gone—he was free at last.

A matilha de lobos estava atrás de carne como os Yeehats faziam antigamente.

The wolf pack were chasing meat like the Yeehats once had.

Eles seguiram os alces desde as terras arborizadas.

They had followed moose down from the timbered lands.

Agora, selvagens e famintos por presas, eles cruzaram o vale.

Now, wild and hungry for prey, they crossed into his valley.

Eles chegaram à clareira iluminada pela lua, fluindo como água prateada.

Into the moonlit clearing they came, flowing like silver water.

Buck ficou parado no centro, imóvel, esperando por eles.

Buck stood still in the center, motionless and waiting for them.

Sua presença calma e grande surpreendeu o grupo, fazendo-o ficar em breve silêncio.

His calm, large presence stunned the pack into a brief silence.

Então o lobo mais ousado saltou direto nele sem hesitar.

Then the boldest wolf leapt straight at him without hesitation.

Buck atacou rápido e quebrou o pescoço do lobo com um único golpe.

Buck struck fast and broke the wolf's neck in a single blow.

Ele ficou imóvel novamente enquanto o lobo moribundo se contorcia atrás dele.

He stood motionless again as the dying wolf twisted behind him.

Mais três lobos atacaram rapidamente, um após o outro.

Three more wolves attacked quickly, one after the other.

Cada um recuou sangrando, com a garganta ou os ombros cortados.

Each retreated bleeding, their throats or shoulders slashed.

Isso foi o suficiente para fazer com que todo o bando atacasse descontroladamente.

That was enough to trigger the whole pack into a wild charge.

Eles correram juntos, muito ansiosos e aglomerados para atacar bem.

They rushed in together, too eager and crowded to strike well.

A velocidade e habilidade de Buck permitiram que ele ficasse à frente do ataque.

Buck's speed and skill allowed him to stay ahead of the attack.

Ele girou sobre as patas traseiras, estalando e atacando em todas as direções.

He spun on his hind legs, snapping and striking in all directions.

Para os lobos, parecia que sua defesa nunca abria ou vacilava.

To the wolves, this seemed like his defense never opened or faltered.

Ele se virou e atacou tão rápido que eles não conseguiram ficar atrás dele.

He turned and slashed so quickly they could not get behind him.

Mesmo assim, o número deles o forçou a ceder terreno e recuar.

Nonetheless, their numbers forced him to give ground and fall back.

Ele passou pela piscina e desceu até o leito rochoso do riacho.

He moved past the pool and down into the rocky creek bed.

Lá ele chegou a um barranco íngreme de cascalho e terra.

There he came up against a steep bank of gravel and dirt.

Ele entrou em um corte de canto durante a antiga escavação dos mineiros.

He edged into a corner cut during the miners' old digging.

Agora, protegido por três lados, Buck enfrentava apenas o lobo da frente.

Now, protected on three sides, Buck faced only the front wolf.

Lá, ele ficou à distância, pronto para a próxima onda de ataque.

There, he stood at bay, ready for the next wave of assault.

Buck se manteve firme com tanta ferocidade que os lobos recuaram.

Buck held his ground so fiercely that the wolves drew back.

Depois de meia hora, eles estavam exaustos e visivelmente derrotados.

After half an hour, they were worn out and visibly defeated.

Suas línguas estavam para fora, suas presas brancas brilhavam ao luar.

Their tongues hung out, their white fangs gleamed in moonlight.

Alguns lobos se deitaram, com as cabeças erguidas e as orelhas em pé na direção de Buck.

Some wolves lay down, heads raised, ears pricked toward Buck.

Outros ficaram parados, alertas e observando cada movimento seu.

Others stood still, alert and watching his every move.

Alguns foram até a piscina e tomaram água fria.

A few wandered to the pool and lapped up cold water.

Então, um lobo cinzento, longo e magro avançou de forma gentil.

Then one long, lean gray wolf crept forward in a gentle way.

Buck o reconheceu — era o irmão selvagem de antes.

Buck recognized him—it was the wild brother from before.

O lobo cinzento ganiu suavemente, e Buck respondeu com um ganido.

The gray wolf whined softly, and Buck replied with a whine.

Eles tocaram os narizes, silenciosamente e sem ameaça ou medo.

They touched noses, quietly and without threat or fear.

Em seguida veio um lobo mais velho, magro e marcado por muitas batalhas.

Next came an older wolf, gaunt and scarred from many battles.

Buck começou a rosnar, mas parou e cheirou o nariz do velho lobo.

Buck started to snarl, but paused and sniffed the old wolf's nose.

O velho sentou-se, levantou o nariz e uivou para a lua.

The old one sat down, raised his nose, and howled at the moon.

O resto do bando sentou-se e juntou-se ao longo uivo.

The rest of the pack sat down and joined in the long howl.

E agora o chamado chegou a Buck, inconfundível e forte.

And now the call came to Buck, unmistakable and strong.

Ele sentou-se, levantou a cabeça e uivou com os outros.

He sat down, lifted his head, and howled with the others.

Quando os uivos terminaram, Buck saiu de seu abrigo rochoso.

When the howling ended, Buck stepped out of his rocky shelter.

A matilha se fechou em volta dele, farejando-o com gentileza e cautela.

The pack closed in around him, sniffing both kindly and warily.

Então os líderes deram um grito e saíram correndo para a floresta.

Then the leaders gave the yelp and dashed off into the forest.

Os outros lobos os seguiram, latindo em coro, selvagens e rápidos na noite.

The other wolves followed, yelping in chorus, wild and fast in the night.

Buck correu com eles, ao lado de seu irmão selvagem, uivando enquanto corria.

Buck ran with them, beside his wild brother, howling as he ran.

Aqui, a história de Buck chega ao fim.
Here, the story of Buck does well to come to its end.
Nos anos que se seguiram, os Yeehats notaram lobos estranhos.
In the years that followed, the Yeehats noticed strange wolves.
Alguns tinham marrom na cabeça e no focinho e branco no peito.
Some had brown on their heads and muzzles, white on the chest.
Mas eles temiam ainda mais uma figura fantasmagórica entre os lobos.
But even more, they feared a ghostly figure among the wolves.
Eles falavam em sussurros sobre o Cão Fantasma, líder da matilha.
They spoke in whispers of the Ghost Dog, leader of the pack.
Este Cão Fantasma tinha mais astúcia que o mais ousado caçador Yeehat.
This Ghost Dog had more cunning than the boldest Yeehat hunter.
O cão fantasma roubava dos acampamentos no inverno rigoroso e destruía suas armadilhas.
The ghost dog stole from camps in deep winter and tore their traps apart.
O cão fantasma matou seus cães e escapou de suas flechas sem deixar rastros.
The ghost dog killed their dogs and escaped their arrows without a trace.
Até mesmo seus guerreiros mais bravos temiam enfrentar esse espírito selvagem.
Even their bravest warriors feared to face this wild spirit.
Não, a história fica ainda mais sombria à medida que os anos passam na natureza.
No, the tale grows darker still, as the years pass in the wild.

Alguns caçadores desaparecem e nunca mais retornam aos seus acampamentos distantes.

Some hunters vanish and never return to their distant camps.

Outros são encontrados com a garganta aberta, mortos na neve.

Others are found with their throats torn open, slain in the snow.

Ao redor de seus corpos há pegadas — maiores do que qualquer lobo poderia deixar.

Around their bodies are tracks—larger than any wolf could make.

Todo outono, os Yeehats seguem a trilha dos alces.

Each autumn, Yeehats follow the trail of the moose.

Mas eles evitam um vale com medo gravado profundamente em seus corações.

But they avoid one valley with fear carved deep into their hearts.

Dizem que o vale foi escolhido pelo Espírito Maligno para ser seu lar.

They say the valley is chosen by the Evil Spirit for his home.

E quando a história é contada, algumas mulheres choram perto do fogo.

And when the tale is told, some women weep beside the fire.

Mas no verão, um visitante chega àquele vale tranquilo e sagrado.

But in summer, one visitor comes to that quiet, sacred valley.

Os Yeehats não o conhecem, nem conseguem entendê-lo.

The Yeehats do not know of him, nor could they understand.

O lobo é grandioso, revestido de glória, como nenhum outro de sua espécie.

The wolf is a great one, coated in glory, like no other of his kind.

Ele atravessa sozinho a floresta verde e entra na clareira da floresta.

He alone crosses from green timber and enters the forest glade.

Ali, o pó dourado dos sacos de couro de alce penetra no solo.

There, golden dust from moose-hide sacks seeps into the soil.

A grama e as folhas velhas esconderam o amarelo do sol.

Grass and old leaves have hidden the yellow from the sun.

Aqui, o lobo fica em silêncio, pensando e lembrando.

Here, the wolf stands in silence, thinking and remembering.

Ele uiva uma vez — longo e triste — antes de se virar para ir embora.

He howls once—long and mournful—before he turns to go.

Mas ele nem sempre está sozinho na terra do frio e da neve.

Yet he is not always alone in the land of cold and snow.

Quando longas noites de inverno descem sobre os vales mais baixos.

When long winter nights descend on the lower valleys.

Quando os lobos seguem a caça através do luar e da geada.

When the wolves follow game through moonlight and frost.

Então ele corre na frente do bando, saltando alto e selvagem.

Then he runs at the head of the pack, leaping high and wild.

Sua forma se eleva sobre as demais, sua garganta vibra com a canção.

His shape towers over the others, his throat alive with song.

É a canção do mundo mais jovem, a voz da matilha.

It is the song of the younger world, the voice of the pack.

Ele canta enquanto corre: forte, livre e eternamente selvagem.

He sings as he runs—strong, free, and forever wild.

www.ingramcontent.com/pod-product-compliance
Lightning Source LLC
Chambersburg PA
CBHW011732020426
42333CB00024B/2861